Jana Schumacher

Rätselandachten

Jana Schumacher

Rätselandachten

für das ganze Jahr

BRUNNEN
Verlag GmbH · Giessen

MIX
Papier aus verantwortungsvollen Quellen
FSC® C016439

Lektorat: Katrin Weinert, Eva-Maria Busch

Layout: Jana Schumacher

Illustration: Katharina Stark

Druck: Hubert & Co., Göttingen

ISBN 978-3-7655-2065-5

Zu diesem Buch

Im April 2013 fragte mich eine Freundin, ob ich nicht mithelfen möchte, den Gemeindebrief zu gestalten – eine Zeitung, die alle zwei Monate über die neuesten Nachrichten und Veranstaltungen in unserer Kirche und darüber hinaus berichtet. Ich sagte zu. Von nun an war ich dafür verantwortlich, die einzelnen Artikel zu korrigieren und für Gedankenanstöße zu sorgen.

Damals gab es schon eine Seite mit Rätseln für Kinder. Und ich dachte mir: Was für die Kleinen gut ist, kann für die Großen auch nicht schlecht sein! Also suchte ich überall nach Vorlagen für biblische Rätsel. Aber weder in Buchhandlungen noch im Internet wurde ich so richtig fündig.

Nun entwickelte ich eigene Rätsel. Die Ideen gingen mir nicht aus und bald hatte ich mir mehr als achtzig verschiedene Rätseltypen ausgedacht – weit mehr, als wir für den Gemeindebrief jemals brauchten.

So ist dieses Buch entstanden. Beim Schreiben habe ich gemerkt, dass es mehr bietet als nur Knobeleien. Im Grunde sind es drei Bücher in einem:

Ein Andachtsbuch
Sie finden in diesem Buch 366 wertvolle Impulse aus der Bibel. Es ist quasi ein treuer Begleiter, durch den uns Gott Mut, Kraft und Wegweisung geben kann. Außerdem regt der zugeordnete Spruch auf der jeweiligen Seite zum Nachdenken, Staunen oder auch zum Schmunzeln an – an jedem neuen Tag eines Jahres. Der Glaube an Gott kann dadurch kontinuierlich wachsen.

Ein Rätselbuch
Ob Mann oder Frau, jung oder alt, ob Nachfolger Jesu oder Noch-nicht-Christ: Hier kommt jeder auf seine Kosten, der gern puzzelt, knobelt oder rätselt. Dabei dient die beste Lektüre der Welt – das Buch aller Bücher – als Grundlage für Spannung, Freude und Überraschungsbonbons an jedem Tag des Jahres. Vielleicht gibt das Suchen und Finden der einzelnen

Bibelstellen zunächst einmal selbst ein Rätsel auf, aber im Laufe der Zeit findet man sich immer besser in der Bibel zurecht. Und durch das Knobeln, Nachdenken und Lösen des täglichen Rätsels prägt sich Gottes Wort in der Regel viel besser ein.

Ein Lehrbuch

Wer genau hinschaut, wird entdecken, dass die Rätsel und Bibelstellen nicht wahllos aufeinanderfolgen. Es werden verschiedene Aspekte des christlichen Glaubens behandelt, zum Beispiel diese Themen:

- Wie ist Gott als Vater?
- Wer ist Jesus? (Gerade zu den Feiertagen wie Ostern oder Weihnachten)
- Was macht der Heilige Geist? (Etwa zum Pfingstfest)
- Wie wird man Christ?
- Wie geht man mit der Vergangenheit um?
- Was heißt Nachfolge?
- Was erwartet Christen zukünftig? (Zum Beispiel im Advent)

Natürlich werden die Themen nicht ausführlich behandelt. Ich möchte lediglich Gedankenanstöße geben, die Lust machen, selbst in der Bibel zu forschen. Durch die „rätselhafte" Herangehensweise wird so mancher Leser und Rätselfreund Geschichten und Verse aus der Bibel ganz neu entdecken und nebenbei viel Gutes lernen.

Eines ist mir selbst beim Schreiben wieder ganz neu bewusst geworden: Die Bibel ist so vielfältig und interessant, dass es unheimlich viel Spaß macht, darin zu lesen. Wie ist es mit Ihnen? Rätseln Sie gern? Beschäftigen Sie sich oft mit der Bibel? Oder noch nicht? In jedem Fall möchte ich Sie für die nächsten 366 Tage herzlich dazu einladen!

Jana Schumacher

1. Januar

Heute gibt es ein „Verwandlungsrätsel“.
Aus jedem der folgenden Wörter soll ein Buchstabe gestrichen werden, sodass die übrig gebliebenen Wortteile einen Bibelvers aus Matthäus 28 ergeben.

„HUND SIECHE,
SICH BEIN BEIL KEUCH
FALLE TRAGE
BIST MAN ADER WEILT LENDE.“

____

____

____

***„Wir sind nicht verlassen,
wenn wir uns auf Gott verlassen!“***

2. Januar

Beim „Lückenfüller“ gilt es, die folgenden Begriffe zu sortieren und in das Gedicht „Stufen“ von Hermann Hesse einzufügen:

Bindungen, Raum, Herz, Blüte, Zeit,
Abschied, Stufe, Aufbruch, Rufe

Wie jede _____ welkt und jede Jugend
dem Alter weicht, blüht jede Lebensstufe,
blüht jede Weisheit auch und jede Tugend
zu ihrer _____ und darf nicht ewig dauern.
Es muss das Herz bei jedem Lebensrufe
bereit zum _______ sein und Neubeginne,
um sich in Tapferkeit und ohne Trauern
in andre, neue ________ zu geben.
Und jedem Anfang wohnt ein Zauber inne,
der uns beschützt und der uns hilft, zu leben.

Wir sollen heiter Raum um _______ durchschreiten,
an keinem wie an einer Heimat hängen,
der Weltgeist will nicht fesseln uns und engen,
er will uns Stuf' um ______ heben, weiten.
Kaum sind wir heimisch einem Lebenskreise
und traulich eingewohnt, so droht Erschlaffen,
nur wer bereit zu ________ ist und Reise,
mag lähmender Gewöhnung sich entraffen.

Es wird vielleicht auch noch die Todesstunde
uns neuen Räumen jung entgegen senden,
des Lebens _____ an uns wird niemals enden ...
wohlan denn, ______, nimm Abschied und gesunde!

„Höre nie auf anzufangen,
und fange nie an aufzuhören!“

3. Januar

Hier sind 5 Fehler zu finden.

„Der HERR ist ein Hirte, mir wird nichts mangeln. Er weidet mich auf einer grünen Aue und führet mich zum frischen Wasser. Er erquicket meine Seele. Er führet mich auf echter Straße um seines Namens willen. Und ob ich schon wanderte im finstern Tal, fürchte ich kein Unglück, denn du bist bei mir, dein Stecken und Stab trösten mich. Du bereitest vor mir einen Tisch im Angesicht meiner Freunde. Du salbest mein Haar mit Öl und schenkest mir voll ein. Gutes und Barmherzigkeit werden mir folgen mein Leben lang, und ich werde bleiben im Hause des HERRN immerhin.“ (Psalm 23)

„Seine Schäfchen bringt Gott immer ins Trockene!“

4. Januar

Heute gibt es ein „Silbenrätsel".
Der gesuchte Bibelvers aus Jesaja 41 verdeutlicht:

„Mit Sicherheit
finden wir in Gott Sicherheit!"

keit.	ich	durch	denn	auch,	wei	nicht,	hal
dir	Ge	Hand	dich	Gott.	ich	stär	te
dich	tig	bin	ner	Ich	te	die	dir;
che	ich	nicht,	mei	Fürch	fe	dein	ke
dich,	te	rech	mit	hel	ich	rech	bin

___

___

___

5. Januar

Heute gibt es einen „Zahlenvers“.
Es gilt, aus Zahlen Wörter zu erraten.
Der Bibelvers, der dabei gesucht wird, erklärt Folgendes:

„Gott verschafft uns Freiräume.
Er macht uns frei, um zu träumen!“

- 4 21 ______
- 19 20 5 12 12 19 20 ______
- 13 5 9 14 5 ______
- 6 29 30 5 ______
- 1 21 6 ______
- 23 5 9 20 5 14 ______
- 18 1 21 13 ______

A	D	E	F	I	L	M	N	R	S	T	Ü	U	ß	W
	4	5		9	12				19		29		30	

6. Januar

„Befiehl du deine Wege
und was dein Herze kränkt,
der allertreusten Pflege
des, der den Himmel lenkt!
Der Wolken, Luft und Winden
gibt Wege, Lauf und Bahn,
der wird auch Wege finden,
da dein Fuß gehen kann."

Diese erste Strophe des altbekannten Liedes von Paul Gerhard beruht auf der Grundlage eines Bibelverses aus Psalm 37. Im „Satzsalat" sieht er so aus. Wie heißt er richtig sortiert?

„deine Herrn wird's ihn hoffe und Befiehl dem er Wege auf wohlmachen."

____

____

***„Obwohl Gott das Sagen hat,
dürfen wir ihm sagen,
was uns bewegt!"***

7. Januar

Heute kommt ein „Lückenbüßer“.

Folgendes wird dabei gesucht:

„Eine Aufforderung Jesu,
die uns oft genug
vor große Herausforderungen stellt!“

F_ _ _ _   _ I _   _ _ _ H!

Enthalten sind die folgenden Buchstaben jeweils nur einmal:

A	C	E	F	G	H	I	L	M	N	O	R

8. Januar

Welche Bücher aus der Bibel verbergen sich hinter diesem „Wortsalat"?

AFFENGNUROB ____________________

MARIEJE ____________________

JODABA ____________________

EISMOTTEHU ____________________

ESELHEIK ____________________

RECHTIR ____________________

NEIDAL ____________________

SOJAKUB ____________________

MICHAELA ____________________

„Jedes Buch aus der Bibel ist (k)ein Buch mit sieben Siegeln!"

9. Januar

Beim „Fächerrätsel“ gilt es heute, einige Tiere zu erraten und ihnen die jeweiligen Kapitel und/oder Verse aus den Bibelbüchern zuzuordnen.

_ i _ s _ _	Psalm 42, _
F _ _ _ c _ e	2. Mose _ , 29
_ a _ p _ n	Psalm 78, _ _
_ _ m _ l	Matth. _ _, 24
_ _ dd _ _	1. Mose 22, _ _
_ öw _	1. Petrus _,8
_ äf _ _	Joel _, _

„Von den Möwen bis zum Löwen – Gott schuf alle Tiere!“

Kapitel

7	19	1	5

Vers

13	2	4	46

10. Januar

Hier ist „Nimm vier“ dran.
Es gilt, die folgenden vier Bibelverse zu ergänzen – mit einem Wort, das jeweils aus den Buchstaben „G E N A L“ besteht. Alle Buchstaben müssen immer verwendet werden.

„Und ich will ihn als ________ einschlagen an einen festen Ort, und er soll werden zum Thron der Ehre für seines Vaters Haus.“

„Damit wir ihnen aber keinen Anstoß geben, geh hin an den See und wirf die ________ aus, und den ersten Fisch, der heraufkommt, den nimm; und wenn du sein Maul aufmachst, wirst du ein Zweigroschenstück finden; das nimm und gib's ihnen für mich und dich.“

„Und der HERR sprach zu Samuel: Wie ________ trägst du Leid um Saul, den ich verworfen habe, dass er nicht mehr König sei über Israel? Fülle dein Horn mit Öl und geh hin: Ich will dich senden zu dem Bethlehemiter Isai; denn unter seinen Söhnen hab ich mir einen zum König ersehen.“

„Dort sind fünf Hallen; in denen ________ viele Kranke, Blinde, Lahme, Ausgezehrte.“

„Gottes Erbarmen
ist nicht erbärmlich!“

„Trinke nicht mehr nur Wasser, sondern nimm ein wenig Wein dazu." Das riet ihm sein geliebter Glaubensvater. Vielleicht dachte dieser an die Hochzeit, bei der Jesus Wasser in Wein verwandelte. Wein steht für Freude, Genuss und Reichtum.
Allerdings kann man ja auch damit übertreiben. Das wusste auch der Apostel Paulus. Denn in Epheser 5,18 steht: „Und sauft euch nicht voll Wein, woraus ein unordentliches Wesen folgt, sondern lasst euch vom Geist erfüllen."
Aber dieser große Unbekannte sollte einmal verdünnten Wein probieren.

Wem wurde dieser Ratschlag überhaupt gegeben und warum eigentlich?

Und wo ist jener Vers in der Bibel zu finden?

„Es ist gut, wenn uns Jesus dann und wann reinen Wein einschenkt!"

12. Januar

Heute wird „Wortwechsel" gespielt.
Das Wort „DANKEN" ist vorgegeben. Nun muss ein Buchstabe ausgetauscht werden, damit ein neues Wort entsteht. Um den richtigen Pfad zu finden, sind rechts Bibelstellen angegeben, in denen das jeweilige Wort vorkommt.
Übrigens: Am Ende kommt das Gegenteil von „DANKEN" heraus.

D A N K E N

________	Psalm 42,5
________	Jakobus 3,3
________	1. Petrus 1,13
________	Sprüche 18,14
________	Psalm 43,3
________	2. Samuel 16,2
________	Amos 2,14
________	Apostelgeschichte 5,15
________	

„Wie gut, dass wir nicht nur mit Gott über alles reden können, sondern dass er mit sich auch über alles reden lässt!"

13. Januar

Die Zahl 1 hat in der Bibel eine große Bedeutung. Sie steht für die absolute Vollkommenheit und Einheit.
In der Bibel wird die Zahl 1 immer wieder betont. Welche Aussagen stecken jeweils hinter den nachstehenden Bibelstellen?

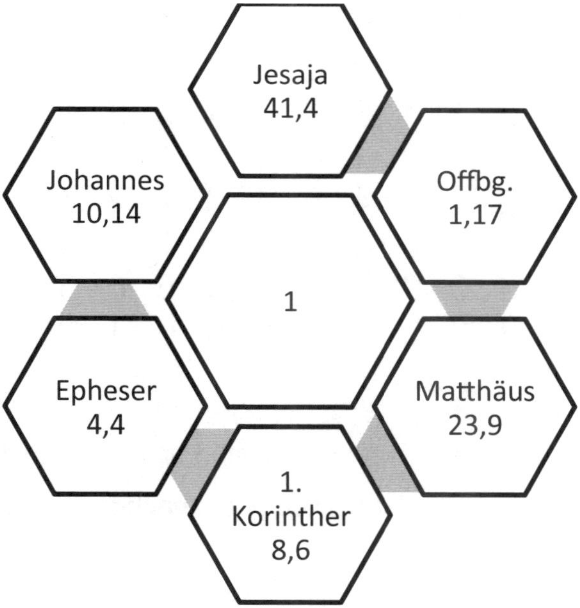

________________, ________________, ________________,

________________, ________________, ________________,

„Gut, wenn uns Gott nicht eins ist; denn er möchte mit uns eins sein!"

14. Januar

Heute gibt es eine „Zahlentruhe“.
Wer die folgenden Fragen zu beantworten weiß, kommt heute auf bestimmte Zahlen, die in dem Zahlenblock ausschließlich waagerecht versteckt sind. Aber wo?

8	4	2	6	7	8	9	1	1	3
9	3	4	9	2	6	4	5	8	7
5	1	4	5	7	5	4	3	2	6
8	6	3	1	4	0	5	1	8	4
2	1	3	4	5	4	3	2	2	7
6	5	8	8	9	3	1	7	6	4
5	0	9	2	1	0	8	5	0	5
3	6	5	6	7	0	5	0	1	2

1. Wie viele Verse hat der längste Psalm der Bibel?
2. Wie viele Jahre lebte Hiob noch, nachdem er von seinem Leiden erlöst war?
3. Wann war die Teilung des Reiches Israel?
4. Wie alt war Henoch, bevor er entrückt wurde?

„Wer erkennt, welchen Preis Jesus für ihn gezahlt hat, wird ihn preisen!“

15. Januar

Nun kommt ein „Irrgarten“.
Es geht darum, eine Frage von Johannes dem Täufer an Jesus Christus zu sortieren, die in Lukas 7 steht.

			S								
B			O	D	E	R		D	U		
I			L					E			
S	O	L	L			W	A	R	T	E	N
T			E			I				I	
		A	N	D	E	R	N			N	
		U		A						E	
		F			K	O	M	M	E	N	

____

____

„Es gibt so viele Richtungen:
Soll ich mich, Gott,
nach dir richten?“

16. Januar

Heute gibt es ein „Verspuzzle“.
In den Kästchen ist ein Bibelvers aus Johannes 14 auseinandergenommen und muss wieder zusammengesetzt werden. Wie heißt er?

1 ihm:	2 denn	3 Weg
4 kommt	5 und	6 Ich
7 Vater	8 spricht	9 das
10 die	11 niemand	12 durch
13 bin	14 mich.“	15 „Jesus
16 Wahrheit	17 Leben;	18 und
19 zu	20 der	21 zum

____

____

____

„Es gibt nur einen Weg zum wahren Leben: Jesus!“

17. Januar

Im „ABC-Satzsalat“ sind die Wörter eines Bibelverses aus Psalm 10 alphabetisch geordnet. Wie heißen sie richtig?

DER DICH DU FERNE
HERR NOT STEHST
SO VERBIRGST WARUM ZEIT ZUR?

„Gott, kümmerst du dich nicht um mich, wenn ich Kummer habe?“

18. Januar

Heute gibt es ein „Zahlenrätsel".
Dabei gilt es, aus Zahlen Wörter zu erraten.
Der Bibelvers, der dabei gesucht wird, drückt Folgendes aus:

„Die Steigerungsform von Wunde ist Wunder!"

„			
	5	8	10

2	8	10	10

1	13	9

N	A	H	E
4	6	2	8

					,
5	8	4	8	4	

5	1	8

						-
20	8	10	7	10	11	

12	2	8	4	8	4

2	8	10	20	8	4	13

				,
13	1	4	5	

14	4	5

2	1	15	16	9

					,
5	8	4	8	4	

D	I	E
5	1	8

8	1	4

			-
20	8	10	

13	12	2	15	6	17	8	4	8	13

17	8	18	19	9

					.	“
2	6	7	8	4		

Im heutigen „Silbenkreuzworträtsel“ sind die fettgedrucken Wörter aus der nacherzählten Geschichte von den zehn Aussätzigen zu ergänzen.

■	AUS			GE	■		■
■		■	■		■		■
	ME	■		■		BAR	
■	ZU		GE		■	■	
AB		■		■	■	LETZ	■
	■	RET		■			HAND
	■		■		TER	■	

Es waren einmal zehn **arme Aussätzige**, die sich im **Ausnahmezustand** befanden, weil sie durch ihre Krankheit zu allen **Menschen Abstand** halten mussten. Eines Tages kam Jesus bei ihnen vorbei. Sie dachten: „Er **rettet** uns!“ Und so riefen sie: „**Meister**, habe **Erbarmen** mit uns!“ Er sprach: „Geht zu mehr als einem **Priester**!“ Auf dem Weg dahin wurden sie – wie aus **Meisterhand** – **geheilt**. Neun von ihnen hatten sich danach **offenbar abgewandt**. Nur ein **Letzter** war zu Jesus **zurückgekehrt.** Er hatte ihn **angebetet**. Und diese **Handlung** war wirklich seine **Rettung**. (nach Lukas 17,11-19)

„Ist Gott in den Notlagen nur unser Notnagel?!“

20. Januar

Heute gibt es ein „Flickenpuzzle".
Der Bibeltext aus Johannes 20 soll mithilfe der Zahlen richtig zusammengesetzt werden.

1 Kommt Jesus, als die Türen verschlossen waren, und tritt mitten unter sie und spricht: Friede sei mit euch! Danach spricht er zu Thomas: Reiche deinen Finger her und sieh meine Hände, und reiche deine Hand her und lege sie in meine Seite,

4 Wenn ich nicht in seinen Händen die Nägelmale sehe und meinen Finger in die Nägelmale lege und meine Hand in seine Seite lege, kann ich's nicht glauben. Und nach acht Tagen waren seine Jünger abermals drinnen versammelt und Thomas war bei ihnen.

2 und sei nicht ungläubig, sondern gläubig! Thomas antwortete und sprach zu ihm: Mein Herr und mein Gott! Spricht Jesus zu ihm: Weil du mich gesehen hast, Thomas, darum glaubst du. Selig sind, die nicht sehen und doch glauben!

3 Thomas aber, der Zwilling genannt wird, einer der Zwölf, war nicht bei ihnen, als Jesus kam. Da sagten die andern Jünger zu ihm: Wir haben den Herrn gesehen. Er aber sprach zu ihnen:

„Viele sagen: ‚Ich glaube nur, was ich sehe!' Einer sagt: ‚Du siehst nur, was du glaubst!'"

21. Januar

In den meisten der folgenden Wörtern ist jeweils der erste Buchstabe gegen einen anderen auszutauschen, sodass Wörter neuer Bedeutungen entstehen. Es gibt aber auch Begriffe, die hier richtig aus der Liste ergänzt werden müssen, damit der Bibelvers aus Jeremia 29 zu lesen ist:

Ende, Friedens, und,
wartet, Leides

„Wenn ach beiss hohl,

las ach tür Bedanken aber buch labe,

spricht der Herr,

Bedanken les ____________

_______ licht les _____________,

fass ach tuch lebe

was _________, wes uhr ___________ ."

„Gottes Denkweise ist liebenswürdig;
er denkt weise und
würdigt uns mit Liebe!"

Heute wird „Einsatz“ gespielt.
Hier gilt es, aus dem Bibeltext eine Glaubensaussage zu finden. Die fettgedruckten Wörter dienen als Hinweis und müssen geordnet werden.

„Und am Abend desselben Tages sprach er zu ihnen: Lasst uns hinüberfahren. Und sie ließen das Volk gehen und nahmen ihn mit, wie er im Boot war, **und** es waren noch andere Boote bei **ihm**. Und es erhob sich ein großer Windwirbel und die **Wellen** schlugen in das Boot, sodass das Boot schon voll wurde. Und er war hinten im Boot und schlief auf einem Kissen. Und sie weckten ihn auf und sprachen zu ihm: Meister, fragst du nichts danach, dass wir umkommen? Und er stand auf und bedrohte den Wind und sprach zu dem Meer: Schweig und verstumme! Und der **Wind** legte sich und es entstand eine große Stille. Und er sprach zu ihnen: Was seid ihr so furchtsam? Habt ihr noch keinen Glauben? Sie aber fürchteten sich sehr und sprachen untereinander: Wer ist der? Auch Wind und Meer **sind** ihm **gehorsam**!“ (Markus 4,35-41)

„Jesus bietet keine Sicherheit
gegen Stürme des Lebens;
aber er bietet Sicherheit
in den Stürmen des Lebens!“

23. Januar

In diesem „geschüttelten roten Faden“ sind die folgenden Wörter so umzustellen, dass neue Begriffe anderer Bedeutungen entstehen. Beim genaueren Betrachten erzählen sie den Psalm 121.

Genau – Gerben – Flieh –
Rede – igelten – fälscht –
Sagte – Nascht – Leese –

__________, __________, __________,

__________, __________, __________,

__________, __________, __________

„Gott
als Schäfer
ist kein Schläfer!“

24. Januar

Hier ist ein „Versrätsel".
Die fehlenden Wörter in den folgenden Bibelversen gilt es heute zu suchen. Zusammengesetzt ergeben sie einen anderen Vers aus der Bibel. Wie heißt er?

„Ihr sollt es nicht so halten, wie wir es heute hier tun, ein jeder, _________ ihm recht dünkt." (5. Mose 12,8)

„Ja, ich weiß sehr gut, dass es so ist und dass ein Mensch nicht Recht behalten _________ gegen Gott." (Hiob 9,2)

„Und es wird ein Reis hervorgehen _________ dem Stamm Isais und ein Zweig aus seiner Wurzel Frucht bringen." (Jesaja 11,1)

„Und er verließ __________, kam und wohnte in Kapernaum, das am See liegt im Gebiet von Sebulon und Naftali." (Matthäus 4,13)

„Lernt __________tun, trachtet nach Recht, helft den Unterdrückten, schafft den Waisen Recht, führt der Witwen Sache!" (Jesaja 1,17)

„Lass mein Gebet vor dich ___________, neige deine Ohren zu meinem Schreien." (Psalm 88,3)

„Bringt der gute Gott Schlechtes?"

25. Januar

Hinter dem heutigen „Schwedenrätsel“ stecken 12 Wörter. Sie können in jede Richtung laufen – vorwärts, diagonal, rückwärts, vertikal. Die Buchstaben, die sich hinter den Sternchen verbergen, ergeben der Reihe nach das Hauptwort des Bibelverses aus Johannes 10. Wie heißt er?

GEKOMMEN, LEBEN, SOLLEN, DAMIT, UND, ICH, GENÜGE, HABEN, BIN, VOLLE, SIE, DAS

Ä	☆	L	A	V	O	L	L	E
K	E	☆	F	Z	D	Z	☆	I
J	N	B	K	A	G	H	M	S
C	☆	E	S	O	S	C	Ö	R
H	G	N	D	A	M	I	T	Y
B	E	N	W	☆	T	M	F	Z
V	U	O	S	H	A	B	☆	N
N	E	L	L	O	S	B	I	N

„Gott findet es nicht überflüssig, dass er uns im Überfluss gibt!“

26. Januar

Im heutigen „Formenpuzzle" wird ein Bibelvers aus Markus 9 gesucht. Die Teile sind so zu sortieren, dass der Inhalt den gewünschten Sinn ergibt.
Folgendes drückt dieser Spruch – mit anderen Worten – aus:

„Ich möchte nicht,
dass mich meine Zweifel
zur Verzweiflung treiben!"

1 hilf

2 Ich

3 Unglauben

4 glaube

5 meinem

27. Januar

Im heutigen „Zickzack“ gilt es, mit einem Kreis zu beginnen, in dem der vierte Buchstabe des Alphabets steht, um dann Zug um Zug den Verbindungslinien zu folgen, damit ein Ausspruch Jesu zum Vorschein kommt, den er oft Menschen zugesprochen hat.

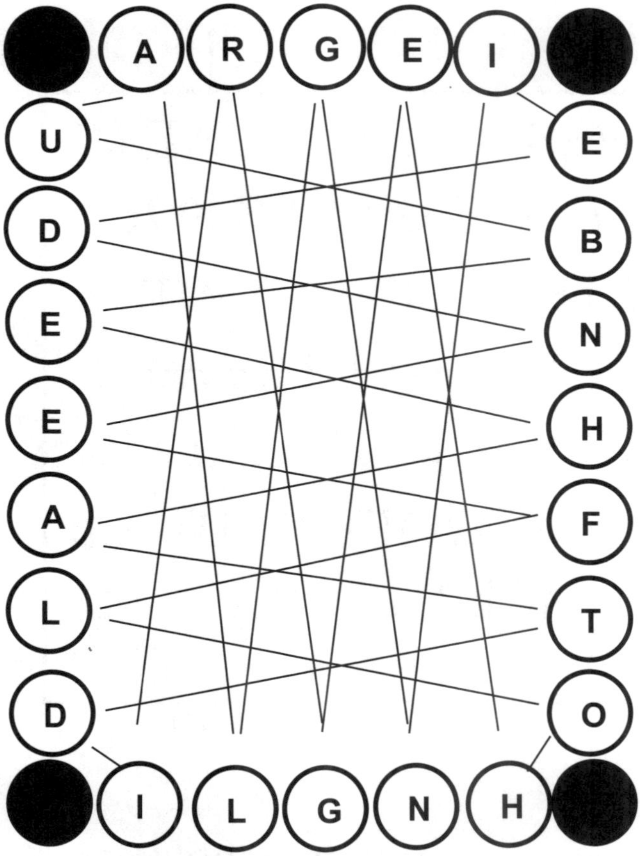

„Wenn wir auf Gott bauen, geschieht Erbauliches!“

28. Januar

Die heutige „Buchstabenkiste“ enthält ein Kuddelmuddel.
Es gilt, einfach die Zahlenpaare mit einer geraden Linie zu verbinden, damit alle Buchstaben, die nicht ausgestrichen sind, einen Bibelvers aus Jakobus 1 ergeben.

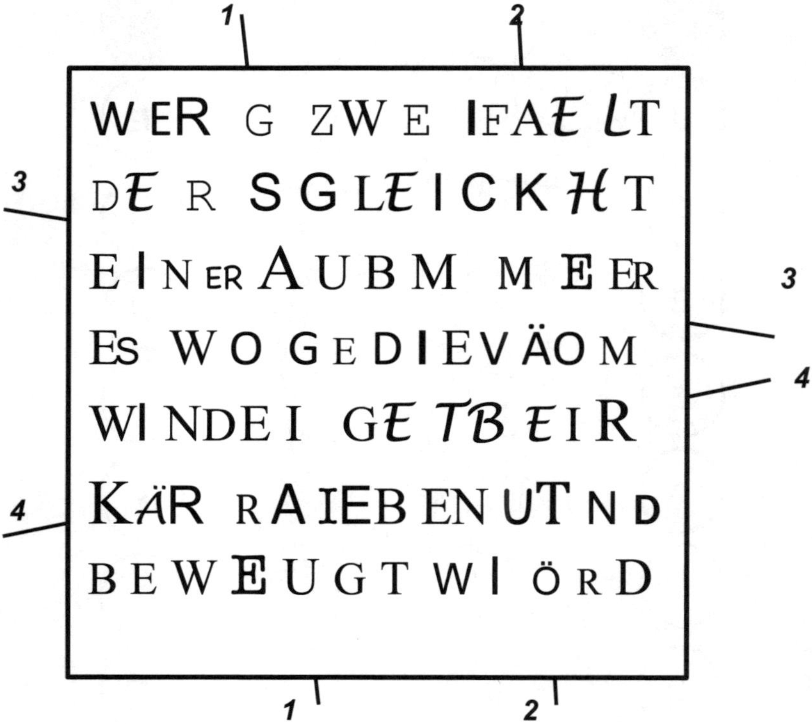

„Wer zweifelt, ist ohne Zweifel zwiegespalten!“

29. Januar

Heute gibt es ein „Zählrätsel."
Dazu sind verschiedene Bibelstellen angegeben, wobei ein bestimmtes Wort daraus abgezählt und verwendet werden soll, damit ein neuer Vers entsteht.

Gesucht wird das **03.** Wort aus Markus 2,11 ________

Gesucht wird das **06.** Wort aus Matthäus 6,10 ________

Gesucht wird das **12.** Wort aus Philipper 3,17 ________

Gesucht wird das **18.** Wort aus Jakobus 4,12 ________

Gesucht wird das **07.** Wort aus Lukas 1,45 ________

Gesucht wird das **24.** Wort aus Richter 11,10 ________

„Wenn wir glauben,
er füllt uns, erfüllt sich das!"

30. Januar

Heute geht es um eine „Wortsuche“.
Bei dem Begriff, der hier gefunden werden will, handelt es sich um eine Stadt, die von Omri, dem König von Israel, erbaut wurde. Sie gewann an Bedeutung, als sie die Hauptstadt des Zehn-Stämme-Reichs wurde.
Um das Jahr 723 v. Chr. wurde die Stadt von Salmaneser belagert, aber man hielt drei Jahre stand, bis sie schließlich durch Sargon eingenommen wurde. Nun wurde das Volk in die Gefangenschaft weggeführt.
Die Stadt wurde durch Herodes den Großen wieder aufgebaut und zu Ehren ihres Schutzherrn, des Kaisers Augustus, Sebaste (die griechische Form von Augusta) genannt. Sie verfiel nach dem Tod Herodes allmählich, aber einige gewaltige Säulen und sonstige Überreste ihrer ehemaligen Größe sind noch zu finden.

Der Name dieser Stadt umfasst sieben Buchstaben – davon vier Vokale und drei Konsonanten. Sie endet mit einem im Neuen Testament häufig verbreiteten weiblichen Vornamen.

Wie heißt nun dieses Wort?

„Auch in dieser Gegend
war Gott zugegen –
entgegen aller Widerstände!“

31. Januar

Nun kommt ein „Verwandlungsrätsel".
Dabei sind immer zwei Buchstaben zu viel. Darum sollen sie aus jedem der folgenden Wörter entweder zusammenhängend oder getrennt voneinander gestrichen werden, sodass die übrig gebliebenen Wortteile einen Bibelvers aus Psalm 50 ergeben.

„BERUFE MICHAS HAND
INNE LEDER KNOTE, SOHN WILLEN LICHT
DICHTE ERRETTENDE
HUNDE DUMM SOLLTEST MISCHE ANPREISEN."

____

____

____

„Lasst uns Gott doch ansprechen, denn seine Hilfsangebote sind ansprechend!"

1. Februar

Heute wird der Autor des nachstehenden Zitats gesucht. Im „Wortsalat“ heißt er:

IDREICHT OBHOFFENER

____

Nicht das Beliebige,
sondern das Rechte tun und wagen,
nicht im Möglichen schweben,
das Wirkliche ergreifen,
nicht in der Flucht der Gedanken,
allein in der Tat liegt Freiheit.
Tritt aus ängstlichem Zögern heraus
in den Sturm des Geschehens,
nur von Gottes Gebot
und deinem Glauben getragen,
und die Freiheit wird deinen Geist
jauchzend empfangen.

„In der Tat
liegt Befreiung
in der Tat!“

2. Februar

Heute gibt es eine Rechenaufgabe.
Aber hier gilt nicht: Punktrechnung geht vor Strichrechnung.

Wie viele Brote zählten die Jünger,
bevor Jesus die Viertausend sättigte? ___

+

Von wie viel Leidensankündigungen
berichten die Evangelien jeweils? ___

x

Wie viele Brüder hatte Jesus? ___

-

Wie viele Tage verbracht Jesus in der Wüste? ___

+

Wie viele Jünger berief Jesus? ___

=

___

„Mit Jesus Christus können wir immer rechnen!“

3. Februar

Jetzt ist ein „Verwandlungsrätsel“ dran.
In den folgenden Wörtern ist jeweils der erste Buchstabe gegen einen anderen auszutauschen, sodass Wörter neuer Bedeutungen entstehen. Bei richtiger Lösung ergibt der Satz einen BIbelvers aus Galater 5.

„DENN DIR AM MEIST BEBEN,
WO HASST ANS TUCH UM REIST HANDELN.“

____

____

„Wir können nicht nur fromm reden, sondern auch so tun!“

4. Februar

Heute gibt es eine „Buchstabensuppe“.
Es wird eine Bezeichnung für Gott gesucht, die heilsam ist und in 2. Mose 15 steht. Die Buchstaben sind alle vorgegeben und alphabetisch geordnet. Sie müssen nur noch auf den Linien sortiert werden.

A B C DD EEE HH III NN RRRR T Z

"_ _ _ _ _ _ _ _ _ _ _ _ _ ,

_ _ _ _ _ _ _ _ ."

„Über allen ‚Göttern in Weiß‘ steht der Gott der Weisheit!“

5. Februar

Welche Wörter werden im heutigen „Schwedenrätsel“ gesucht, die in die unteren fehlenden Bibelverse gehören? Wo sind sie versteckt? Sie können in jede Richtung laufen – vorwärts, diagonal, rückwärts, vertikal.

F	M	R	S	U	G	E	L	T	E	N	G	M	R	E
E	D	R	D	N	T	E	S	T	A	S	T	D	T	P
G	S	R	T	T	I	T	S	I	H	L	R	E	N	I
E	O	T	I	R	N	W	I	L	L	E	N	Z	S	N
R	B	E	T	E	N	N	V	S	R	N	T	I	C	H
A	F	M	O	U	S	V	E	I	A	N	B	W	R	T
H	O	E	C	R	F	A	R	N	N	V	B	U	T	E
E	R	R	R	M	S	H	G	R	L	D	A	R	T	E
N	D	E	E	M	A	T	I	R	M	B	D	U	F	E
I	B	N	E	I	A	O	B	U	T	W	E	A	S	E
E	E	M	T	S	R	T	O	A	E	H	N	N	E	U
H	N	A	M	E	N	A	T	V	E	R	N	E	U	N
E	W	E	L	T	E	E	S	L	R	V	X	H	I	N
I	T	E	A	V	A	T	E	R	N	A	M	E	N	E

„Er hat uns geboren nach seinem ______...“ (Jak. 1,18)

„Ich bin bei euch alle Tage bis an der ____ Ende.“ (Mt. 28,20)

„… sind wir________, so bleibt er doch treu.“ (2. Tim. 2,13)

„… ich habe dich bei deinem ________ gerufen …“ (Jes. 43,1)

„Das sagt, der__________ heißt …“ (Offb. 3,14)

„… denn euch ist __________der Heiland geboren …“ (Lk. 2,11)

„Herr, lehre uns ____________ …“ (LK. 11,1)

„Und __________ uns unsere Schuld …“ (Mt. 6,12)

„Mein Gebet möge vor dir__________ …“ (Ps. 141,2)

„Der ____________ hat den Sohn lieb …“ (Joh. 3,35)

„Die Bibel gibt Antworten auf unsere Fragen!“

6. Februar

Hier kommt „Schreiben nach Zahlen".
Die folgenden beiden Bibelverse aus Johannes 15 habe viele Wörter gemeinsam. Aber welche? Es gilt, sie herauszufinden und den Zahlen zuzuordnen.

❸ bin der Weinstock, ❶ seid die Reben. Wer ❼ mir ❷ und ❸ ❼ ihm, der ❺ viel ❹; denn ohne ❻ könnt ❶ nichts tun.

Nicht ❶ habt ❻ erwählt, sondern ❸ habe euch erwählt und bestimmt, dass ❶ hingeht und ❹ ❺ und eure ❹ ❷, damit, wenn ❶ den Vater bittet ❼ meinem Namen, er's euch gebe.

❶ = _____, ❷ = _____, ❸ = _____, ❹ = _____,

❺ = _____, ❻ = _____, ❼ = _____

***„So mancher Mensch,
der vorher ein Früchtchen war,
bringt heute für Gott Frucht!"***

7. Februar

Heute gilt es, ein „kodiertes Kreuzworträtsel“ zu lösen.
Hinter jeder Zahl steht ein bestimmter Buchstabe, sodass Wörter in Erscheinung treten, die in der Geschichte von der blutflüssigen Frau vorkommen (könnten).
Als kleine Hilfe ist ein Wort vorgegeben.

9	2	7	13	1	■	10	1	6	3
1	■	1	■	17	11	■	7	■	10
15	1	6	■	1	■	18	13	2	17
17	■	10	■	13	■	■	1	■	16
15	2	17	11	■	11	1	14	5	1
■	■	14	■	19	■	6	■	■	16
5	■	5 **G**	1 **E**	8 **W**	2 **A**	14 **N**	4 **D**	■	■
1	15	■	■	12	■	1	■	7	■
7	■	1	■	10	■	13	1	6	14
■	20	13	2	18	16	■	■	14	■

„Wenn uns Jesus berührt,
sind wir sichtlich berührt!“

8. Februar

Heute gibt es „Aus zwei mach eins“.
In Reimform sind nachstehend jeweils zwei Begriffe beschrieben, die erraten und hinterher zu einem zusammengesetzten Wort gemacht werden sollen.

1.

„Man nimmt ihn meistens in die Rechte
bei Tag und auch in manchen Nächten,
um damit etwas festzuhalten
und es auf ewig zu behalten.“

____

2.

„Man wohnt kurz drin – und nicht für immer.
Oft hat sie einfach nur ein Zimmer.
Man kann sie auch ganz leicht errichten,
durch Wind und Wellen auch vernichten.“

____

Kleiner Tipp: „Eh ich es vergess´:
Die beiden Wörter verbindet ein ‚s‘!“

„Gottes Gebote
sind Angebote zum Leben!“

9. Februar

Im heutigen „Schüttelrätsel“ gilt es, die vorgegebenen Wörter so umzustellen, dass neue Begriffe anderer Bedeutungen entstehen. Die neuen Wörter sind biblische Namen von Personen.

L	A	U	S	
V	I	E	L	
R	A	S	S	E
K	L	I	M	A
R	E	S	T	E
B	A	N	A	L

„Wenn wir mit Gott wandeln, erleben wir so manche Verwandlung!“

10. Februar

Hier ist ein „Lückenbüßer“.
An diesem Tag gilt es, ein langes Wort aus der Bibel zu erraten. Es hat mit dem 5. Buch Mose zu tun und heißt …?

_ _ _ _ _ _ _ _ _ _ _ _ _ _ _

Die Anzahl der darin enthaltenen Buchstaben ist nachstehend vorgegeben.

D	E	M	I	N	O	R	T	U
1	2	2	1	1	2	1	1	2

„Gegen die fünf Bücher Mose gibt es nichts zu mosern!“

11. Februar

Heute gibt es ein „Schlangenrätsel“.
Die gesuchten Wörter beginnen alle mit „B“. Die Buchstaben am Ende ergeben von oben nach unten ein bekanntes Wort – etwas, was Gott kann.

1. ____

Wovon wird er trinken auf dem Weg? (Psalm 110,7)

2. ____

In Psalm 19,9 sind richtig des Herrn …

3. ____

Die Feinde sanken unter wie … (2. Mose 15,10)?

4. ____

In Jesaja 21,9 ist wer gefallen?

5. ____

Wir gehen in Gottes Reich durch viele ... (Apg. 14,22)

6. ____

Was sollen wir dem Herrn machen? (Jesaja 57,14)

„Oft genug heilt uns Gott, bevor wir sein Heil finden!“

12. Februar

Der Esau hatte einen Zwillingsbruder.
Das war ein kleines, gewieftes Luder.
Er hatte nicht nur oft gelogen,
sondern seine Sippe auch betrogen,
erschlich sich – und das war richtig schlecht –
des Bruders Erstgeburtenrecht.
Er war auch nicht so sehr verlegen
und brachte Esau um den Segen.
Danach rief Esau nur noch: „Mord!“
So musste Jakob schließlich fort.
In Haran fand er eine Frau,
doch deren Vater war sehr schlau.
Er legte die Schwester in sein Bett.
Das fand der Jakob gar nicht nett.
Er diente weiter sieben Jahre,
um Rahel – die einzig Wahre.
Am Ende kam dann doch der Lohn:
Er kriegte nicht nur einen Sohn.

Jakob bekam von Rahel nicht nur die Söhne Josef und Benjamin geschenkt, sondern Gott gab ihm auch einen neuen Namen.

Wie heißt Jakob später? ____________________

„Es ist besser, mit Gott
als gegen Gott zu kämpfen,
weil wir somit nur gewinnen können!“

13. Februar

Heute kommt ein „Zuordnungsrätsel“ dran.
Es sollen die nachstehenden Namen ihren Berufen, die alle einen Doppelkonsonanten enthalten, zugeordnet werden:

Potifar, David, Levi, Schifra, Josef, Pilatus,

_ _ _ _ m m _	2. Mose 1,15
_ _ l l _ _ _	Lukas 5,27
_ _ m m _ _ _ _ n n	Matthäus 13,55
_ _ f f _ _ _ _ _ _ _ _	1. Samuel 16,21
_ _ _ t t _ _ _ _ _ _	Matthäus 27,11
_ _ m m _ _ _ _	1. Mose 39,1

***„Weil Gott uns ruft,
sind wir Berufene Gottes!“***

14. Februar

„Liebe Gäste, lasst uns die Becher auf das Brautpaar erheben!“, so könnte der Schwiegervater seine Rede begonnen haben. „Wir sind so froh, dass ihr euch gefunden habt. Das ist bei deiner Lebensgeschichte, lieber Schwiegersohn, überhaupt nicht selbstverständlich. Du bist als Hirte groß geworden und durch eine grausame Intrige nach Ägypten gekommen. Gott sei Dank: Dort bist du bei unserem verehrten Potifar gelandet. Er hat dich gut behandelt, bis du durch die Lüge seiner Frau in das Gefängnis geworfen worden bist. Jahrelang hat man dich da vergessen. Aber du konntest vor Kurzem die Träume unseres geliebten Pharaos deuten und uns alle durch die gnädige Führung deines Gottes vor einer großen Hungersnot bewahren. Heute nun sitzen wir alle hier und feiern eure Hochzeit. Ihr seid glücklich miteinander und wir sind froh, dass es euch gibt. Darum: Lasst uns alle anstoßen auf Josef und ___________.“

Wie heißt also die Frau von Josef, der in Ägypten auch Zafenat-Paneach genannt wurde?

„Gott sagt Ja zu uns, auch wenn er zu dem, was wir tun, nicht immer sein Ja und Amen geben kann!“

15. Februar

Heute kommt ein „Mottorätsel".
Es geht um Vetternwirtschaft. In den Namen der Personen, die gesucht werden sollen, stecken jeweils die Buchstabengruppen „AM" oder „MA". Doch wer verbirgt sich wohinter?

1 M	A				
2		A	M		
3 M	A				
4	A	M			
5			M	A	
6	A	M			

[1] Ein bekannter Schreiber eines Evangeliums.
[2] Ein bekannter syrischer Feldhauptmann.
[3] Sohn von Eleasar (Mattäus 1,15).
[4] Ältester Sohn von Elkana und Hanna.
[5] Einer der zwölf Jünger Jesu.
[6] Enkel von Henoch (1.Chronik 1,3)

„Gott segnet und begegnet uns, sodass wir einander segnen und begegnen können!"

16. Februar

Nun herrscht „Tohuwabohu".
Hier ist etwas durcheinander. Wie heißt der Bibelspruch aus Römer 8 richtig?

„Denn ich bin gewiss, dass weder Hohes noch Engel, weder Tiefes noch Gegenwärtiges noch Leben, weder Mächte noch Tod, weder Zukünftiges noch eine andere Kreatur noch Gewalten uns scheiden kann von der Liebe Gottes, die in Christus Jesus ist, unserm Herrn."

____

____

____

____

„Gott ist nicht nur für uns;
Gott ist immer für uns da!"

17. Februar

Heute wird „Streiche“ gespielt.
Aus dem nachstehenden Riesenwort „Gottesdienst“ sollen dabei die Ergebnisse der folgenden Aufgaben von links nach rechts weggestrichen werden, sodass ein einziges Wort übrig bleibt.

GOTTESDIENST

1. Streiche von dem 5. Wort aus Psalm 63,2 den zweiten, dritten und vierten Buchstaben.
2. Streiche von dem 12. Wort aus Matthäus 24,44 den ersten und fünften Buchstaben.
3. Streiche von dem 3. Wort aus Daniel 10,13 den ersten und zweiten Buchstaben.

„Gottesdienst ist der Ort,
wo Gott uns dient!“

18. Februar

Heute gibt es ein „Vorsetzrätsel".
Folgendes ist dabei zu tun:
Den Wörtern

Lied, Spiel, Bock, Buch, Glaube,
Herde, Korn, Tragen, Wache

sind die passenden Begriffe

Nacht, Sünden, Lob, Orgel,
Schweine, Er, Lieder, Aber, Senf

voranzusetzen, sodass neue Wörter entstehen. Die Anfangsbuchstaben nennen - hintereinander gelesen - einen Vorgang, der im Leben und Glauben unbedingt notwendig ist.

____

____

____

***„Wenn wir darum bitten,
wird es der Herr geben,
dass wir hergeben können!"***

19. Februar

Heute gibt es ein „Mottorätsel“.
Es gilt, sechs Eigenschaften der Liebe zu finden. Einige Buchsta-ben sind vorgegeben.
Die Anfangsbuchstaben ergeben ein Wort, das Christen brauchen, um sich auf Gott einlassen zu können.

				E	R	Z		
	A	N						
				E	H	E		
			I	C	H			
B	E	S	T					
			A	R	M			

„Gott ist die Liebe.
Gut, wenn wir an die Liebe glauben!“

20. Februar

„Jesus hat seine Spuren hinterlassen!“

Darum hat Margaret Fishback Powers die Geschichte: „Spuren im Sand“ geschrieben.

Eines Nachts hatte ich einen Traum:
Ich ging am Meer entlang mit meinem Herrn.
Vor dem dunklen Nachthimmel erstrahlten,
Streiflichtern gleich, Bilder aus meinem Leben.
Und jedes Mal sah ich zwei Fußspuren im Sand,
meine eigene und die meines Herrn.
Als das letzte Bild an meinen Augen vorübergezogen
war, blickte ich zurück. Ich erschrak, als ich entdeckte,
dass an vielen Stellen meines Lebensweges nur eine Spur
zu sehen war. Und das waren gerade die schwersten
Zeiten meines Lebens.

Besorgt fragte ich den Herrn:
„Herr, als ich anfing, dir nachzufolgen, da hast du
mir versprochen, auf allen Wegen bei mir zu sein.
Aber jetzt entdecke ich, dass in den schwersten Zeiten
meines Lebens nur eine Spur im Sand zu sehen ist.
Warum hast du mich alleingelassen, als ich dich am
meisten brauchte?“

Da antwortete er:
„Mein liebes Kind, ich liebe dich und werde dich nie
alleinlassen, erst recht nicht in Nöten und Schwierigkeiten.
Dort, wo du nur eine Spur gesehen hast,
da habe ich dich getragen.“

Wer schrieb im Johannesevangelium mit dem Finger auf die Erde? Für wen hinterließ derjenige solche wohltuenden „Spuren im Sand“?

21. Februar

Beim „Hoppla hopp“ ist von Feld zu Feld zu springen – wie mit einem Springer beim Schach. Das Pferd springt gerade-schräg beziehungsweise schräg-gerade auf das übernächste Feld, um die folgende Position zu erreichen. Begonnen wird mit dem Feld, wo ein Stern zu finden ist, um einen Bibelvers aus Sprüche 19 zu suchen. Er erklärt Folgendes:

„Gott macht sich für die stark, die sich der Schwachen annehmen!“

BARMT	DEM	GU	VER	*WER
ER	IHM	DER	HERRN	TES
LEIHT	ER	HAT	SICH	GEL
WIRD	WAS	AR	GE	UND
MEN	TAN	DER	TEN	DES

____

____

____

22. Februar

In diesem „geschüttelten roten Faden“ sind die folgenden Wörter so umzustellen, dass neue Begriffe anderer Bedeutungen entstehen. Beim genaueren Betrachten erzählen sie eine altbekannte Geschichte aus Lukas 5 beziehungsweise Markus 1.

Drüber – Schief –
Faulte – erle – Grafen – Rufe –
Erde – Treter – golfen

__________, __________,

__________, __________, __________, __________,

__________, __________, __________

„Aus einem Petrijünger ist irgendwann der Jünger Petrus geworden!“

23. Februar

Heute kommt ein „Zickzackrätsel“.
Hier gilt es, mit einem Kreis zu beginnen, in dem der neunzehnte Buchstabe des Alphabets steht, um dann Zug um Zug den Verbindungslinien zu folgen, damit ein Bibelvers aus 1. Thessalonicher 5 zum Vorschein kommt.

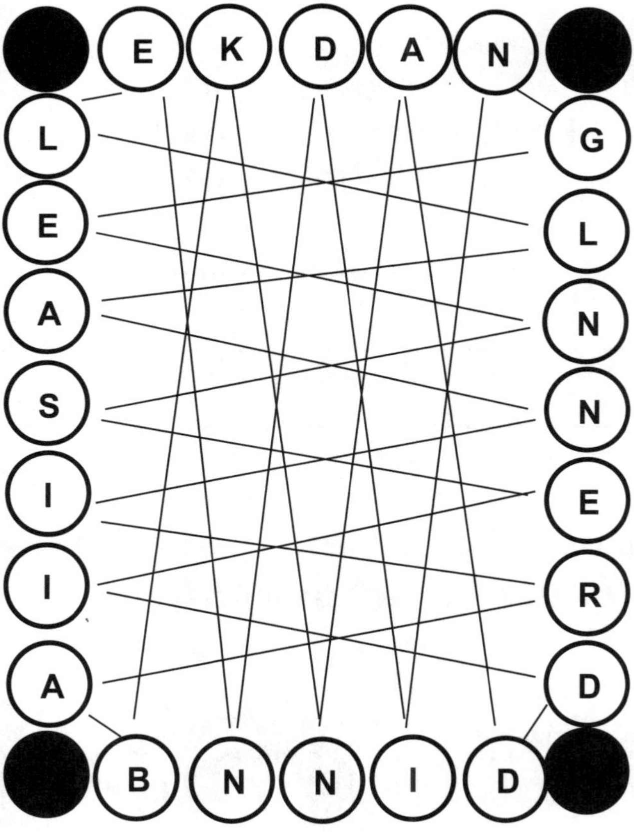

„Lasst uns stets zugute halten, dass Gott alles zum Guten führt!“

24. Februar

Jetzt kommt ein „Einsatz“.
Hier gilt es, aus dem Bibelspruch Micha 6,8 den Anfang eines bekannten Verses aus Psalm 8 zu finden. Die fettgedruckten Wörter dienen als Gedankenanstoß.

„Es **ist** dir gesagt, **Mensch**, **was** gut ist und was **der** HERR von dir fordert, nämlich Gottes Wort halten und Liebe üben und demütig sein vor deinem Gott.“

Wie heißt der bekannte Vers vollständig?

____

____

„Der Mensch ist die Krönung der Schöpfung, weil Gott ihn mit Ehre und Herrlichkeit gekrönt hat!“

25. Februar

Hier ist ein „Mottorätsel“.
Im Prinzip werden heute nur drei Buchstaben gesucht, die jeweils in die freien Kästchen passen. Als kleine Hilfe können auch die Fragen beantwortet werden.

1			M	L	I	C	H
2			T	E	R		
3			M	A	T		
4			D	E	N		
5			L	U	N	G	
6			L	I	G	E	
7			R	A	T	E	N

1 Wie wollte Josef Maria verlassen (Matthäus 1,19)?
2 Wie werden sich die Gefangegenen fühlen, wenn Gott sie erlösen wird? (Psalm 126,1-2)
3 Was hat Abraham in 1. Mose 12,1 verlassen?
4 Wer hat in der Apostelgeschichte 11,1 Gottes Wort angenommen?
5 Was ist den zehn aussätzigen Männern widerfahren?
6 Wie wird Gott in der Bibel auch genannt?
7 Was tun Isaak und Rebekka in 1. Mose 24,67?

„Der Heiland
schenkt uns Heil und Land!“

26. Februar

Martha trägt an einer Last.
Sie hat Not und große Hast,
denn Jesus will sie bald besuchen.
Drum putzt sie viel und backt auch Kuchen.
Sie hat nun einfach viel zu tun
und kann dabei auch gar nicht ruhn.
Inzwischen ist der Gast gekommen
und hat im Zimmer Platz genommen.
Maria will ihn auch begrüßen
und setzt sich schlicht zu seinen Füßen.
Sie weiß: Nun kommt's kaum auf Arbeit an;
„auf Jesus hören" ist jetzt dran!
Auch später bleibt sie einfach sitzen
und lässt die Schwester weiter schwitzen,
die daraufhin gewaltig tobt
und ihren Herrn gar nicht mehr lobt.
Doch Jesus ergreift bei dem Verdruss
das Wort. Er sagt zum Schluss:
Martha, Martha, du hast gefehlt –
Maria hat das gute Teil erwählt!
Nur Balance zwischen Tun und Stille,
bringt den Frieden und auch die Fülle!!

Welche biblische Begebenheit steht vor dieser Geschichte in Lukas 10, die mit der Aussage Jesu endet: „So geh hin und tu desgleichen!"?

***„Termine mit Gott
sind wichtiger
als Termine für Gott!"***

27. Februar

Im heutigen „ABC-Silbenrätsel“, bei dem die Silben alphabetisch geordnet sind, wird ein bekannter Bibelvers aus Matthäus 7 gesucht, der Folgendes ausdrückt:

„Wenn wir uns an Gott wenden, wendet er sich nicht von uns ab!“

an – an – auf – auf – ben – Bit – bit – chet –
den – da – da – da – dem – Denn –
der – der – det – det – emp – euch – euch –
fängt – fet – fin – fin – ge – ge – ge – ge –
ihr – klop – klopft – so – so – so – su –
sucht – tan – tan – tet – tet – und – und –
wer – wer – wer – wer – wird – wird – wird

28. Februar

Heute gibt es wieder ein „Zählrätsel".
Dazu sind verschiedene Bibelstellen angegeben, wobei ein bestimmtes Wort daraus abgezählt und verwendet werden soll, damit ein neuer Vers entsteht.

Gesucht wird das **16.** Wort aus Josua 2,9 ________

Gesucht wird das **4.** Wort aus Psalm 8,5 ________

Gesucht wird das **4.** Wort aus Johannes 12,45 ________

Gesucht wird das **21.** Wort aus Hesekiel 36,36 ________

Gesucht wird das **14.** Wort aus Jesaja 41,2 ________

Gesucht wird das **10.** Wort aus Jeremia 9,17 ________

Gesucht wird das **15.** Wort aus Hiob 5,4 ________

Gesucht wird das **21.** Wort aus Obadja 1,14 ________

Gesucht wird das **9.** Wort aus Psalm 3,6 ________

Gesucht wird das **16.** Wort aus Matthäus 5,22 ________

Gesucht wird das **27.** Wort aus Römer 8,24 ________

Gesucht wird das **15.** Wort aus Esther 1,5 ________

Gesucht wird das **10.** Wort aus Matthäus 6,21 ________

Gesucht wird das **9.** Wort aus Kolosser 1,9 ________

***„Der Mensch sieht alles Mögliche;
doch Gott sieht das Mögliche!"***

29. Februar

Im heutigen „Füllrätsel“ sollen die folgenden Wörter in die vorge-geben Kästchen eingetragen werden, die in die Geschichte aus 1. Samuel 17 gehören:

Sieg, Angst, David, Gnade, Riese, Freude,
Steine, Tötete, Goliath, Rüstung, Menschen,
Treffsicher, Gottvertrauen, Selbstsicher,

***„Wir brauchen Gott nicht zu sagen,
wie groß unsere Riesen sind;
wir können den Riesen sagen,
wie groß Gott ist!“***

1. März

Heute gibt es eine Rechenaufgabe.

Wie viele Menschen hat Jesus in Matthäus 14,13-21 satt gemacht? ___

\+

Mit wie vielen Jahren ist das Mädchen in Lukas 8,40-56 gestorben? ___

\+

Wie viele Jahre lag der Kranke am Teich Betesda? (Johannes 5,1-18) ___

\+

Wie viele Jünger hat Jesus in Lukas 10,1-12 ausgesendet? ___

\+

Wie viele Hütten wollte Petrus in Markus 9,2-8 bauen? ___

=

______

„Auf Jesus Christus können wir stets zählen!“

Heutzutage sind die meisten Frauen emanzipiert. Neben ihrer Familie gehen sie oft noch einem Beruf nach. Und dabei haben sie in der Regel auch noch Erfolg.
Früher war das anders. Da wurde den Frauen die Arbeit von ihren Männern zugeteilt. Sie hatten sich ausschließlich um den Haushalt und die engsten Angehörigen zu kümmern. „Küche, Kinder, Kirche", so lautete das Motto – auch zur Zeit der Bibel.
Aber Ausnahmen bestätigen nun einmal die Regel. Als Paulus und Silas eines Tages auf einer Missionsreise in Philippi eine Frau mit Namen Lydia kennenlernten, staunten sie nicht schlecht. Sie war mehr als fortschrittlich in ihrem Denken, Reden und Handeln. Als sie die beiden Missionare reden hörte, ließ sie sich mit allen ihren Verwandten taufen. Sie nahm die Männer mit in ihr Haus auf, um sie zu beherbergen und mehr über den Glauben an Jesus Christus zu erfahren. Für Lydia waren „Kirche, Kommunikation und Küche" sehr, sehr wichtig, obwohl sie nebenbei auch noch beruflich tätig war ...

Von daher ist heute die Frage, welcher geschäftlichen Tätigkeit Lydia nachging?

„Wenn Gott uns ruft,
kann aus dem Beruf Berufung werden!"

3. März

Nun ist eIn „Fächerrätsel“ dran.
In der Bibel sind Menschen auch nur Menschen, die Gefühlsregungen haben. Heute sollen einige den jeweiligen Kapiteln und/oder Versen aus den Bibelbüchern zugeordnet werden.

Abraham lachte.	1. Mose _ _, 17
Elia war deprimiert.	1. Könige 19, _
Hanna war gekränkt.	1. Samuel _, _
David bereute.	Psalm _ _, 3
Hiskia weinte.	2. Könige _ _, _

„Manchmal sind wir Menschen bewegt, bevor wir uns in Bewegung setzen!“

Kapitel

1	17	20	51

Verse

3	6	4

4. März

Heute gibt es wieder ein „Vorsetzrätsel".
Folgendes ist dabei zu tun:

Den Wörtern

holen, üben, reich, hören, retten,
gehen, Teil, Hut, waschen, Mann

sind die passenden Begriffe

er, zu, wieder, nach, ein, Ideen,
ob, rein, neben, Kinder

voranzusetzen, sodass neue Wörter entstehen. Die Anfangsbuchstaben nennen hintereinander gelesen ein Naturprodukt, über das Jesus einmal predigte.

____

____

____

„Gott liebt uns nicht,
weil wir so wertvoll sind;
wir sind so wertvoll,
weil Gott uns liebt!"

5. März

Manfred Frigger hat einmal einen Text mit der Überschrift verfasst: „Drei Ansichten". Damit will er deutlich machen:

„Es kommt immer darauf an, das große Ganze zu sehen, weil der große Gott das Ganze im Blick hat!"

Drei Bauarbeiter waren dabei, Steine zu behauen, als ein Fremder zu ihnen trat und den ersten Arbeiter fragte: „Was tun Sie da?" „Sehen Sie das denn nicht?", meinte er und sah nicht einmal auf. „Ich behaue Steine."
„Und was tun Sie da?", fragte der Fremde den zweiten. Seufzend antwortete der: „Ich muss Geld verdienen, um für meine Familie Brot zu beschaffen. Meine Familie ist groß."
Der Fremde fragte auch den dritten: „Was tun Sie da?" Dieser blickte hinauf in die Höhe und antwortete leise und stolz: „Ich baue einen Dom!"

Jesus Christus wurde einmal gefragt: „Wann kommt das Reich Gottes?" Daraufhin antwortete er:

Im „Wortsalat" sieht die Antwort so aus:

das, unter, Reich, Denn, Gottes,
siehe, euch, mitten, ist

6. März

Hier ist ein „Verbindungsrätsel".
Dabei geht es um einen Bibelvers aus 1. Korinther 13 und einen aus Römer 12,9, die ordentlich durcheinandergebracht worden sind. Beide verbinden die Wörter im Mittelkreis, die in den Außenkreisen mit einsortiert werden wollen. Wie heißen die Bibelstellen richtig?

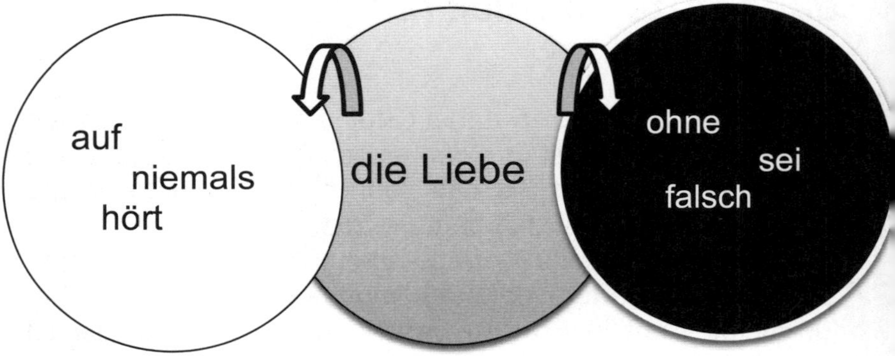

1. ____
____

2. ____
____

„Wir dürfen Gott und Menschen richtig lieben – und das in Ewigkeit!"

7. März

Heute ist „Such-Worte“ dran.
Hier werden fünf andere Namen biblischer Orte im Wort Mazedonien gesucht. Dabei müssen nicht alle, aber jeder Buchstabe darf pro Name nur einmal vewendet werden.

____________________, ____________________,

____________________, ____________________, ____________________

***„Auf der Stelle
ist Gott gnädig, geduldig
und von großer Güte!“***

8. März

Im Folgenden ist das Lied: „ Vater, ich komme jetzt zu dir“ von Daniel Jacobi zu lesen.

Vater, ich komme jetzt zu dir,
als dein Kind lauf ich in deine Arme.
Ich bin geborgen, du stehst zu mir,
lieber Vater.

Vater, bei dir bin ich zu Hause,
Vater, bei dir berge ich mich.
Vater, bei dir finde ich Ruhe,
oh mein Vater,
Ich liebe dich.

Vater, du gibst mir, was ich brauch,
du empfängst mich mit offenen Armen.
Du füllst all meine Sehnsucht aus,
lieber Vater.

An welcher Stelle ist in der Bibel der Vers zu finden: „Wer zu mir kommt, den werde ich nicht hinausstoßen“?

____

„Wer beim Vater im Himmel ankommt, ist bei sich angekommen!“

9. März

Im heutigen „Silbenkreuzworträtsel“ sind die fettgedruckten Wörter aus der nacherzählten Geschichte vom Verlorenen Sohn zu ergänzen.

■	CLE		■	■	REI		■	
■	■			LI		■		GEND
		BEN	■	■	■		NEN	■
■	■	■	■	■		DER	■	
LAN			■		BE	■	■	
	■	■	■	■	■			KEN
■		■	EI	■		KEHR	■	■
HUN				■	■	■	■	
	■		■	■		SCHWEN		TE

Ein **reicher** Vater sollte seinem **Kleinen,** der sich für **clever** hielt, bei Lebzeiten seine **Habe vererben**. **Schweigend** tat er das. Dann begab sich jener auf eine große **Reise**. Er ging für **lange** Zeit weg, weil er es **ausgeben** wollte. Er **verschwendete** es sogar, wodurch er **Hunger** bekam und sich **hundeelend** fühlte. Weil er bei den **Schweinen landete,** sah er noch **erbärmlicher** aus. Auf einmal war ihm nach **Umdenken.** Er wollte die **Umkehr** zu seinem Vater **dringend**. Als dieser ihn sah, **rannte** er ihm **eilend** in **Liebe** entgegen. Der Sohn war ihm nicht **egal**. Er überschüttete ihn mit **Geschenken** - darunter waren auch neue **Kleider**. Dann wurden die **Heimkehr** gefeiert und viele **Lieder** gesungen. Und so fand die Geschichte vom „Verlorenen Sohn“ ein gutes **Ende**.

„Wenn wir umkehren, kehren wir heim!“

10. März

Das heutige „Schwedenrätsel“ verbirgt die folgenden Wörter, die gesucht werden sollen. Sie können in jede Richtung laufen – vorwärts, diagonal, rückwärts, vertikal.

über, ein, erbarmt, Wie, sich, Vater, ihn, fürchten, Kinder, erbarmt, sich, die, der, über, Herr, so, die

E	F	Ü	R	C	H	T	E	N	Ü
I	L	F	B	J	E	L	Ü	T	N
D	V	A	T	E	R	M	O	M	M
S	D	V	K	O	R	S	Y	R	Z
E	I	W	C	I	W	Q	J	A	Ü
A	J	C	I	L	N	Ö	B	B	E
S	I	C	H	R	E	D	E	R	I
G	E	I	N	G	K	R	E	E	D
Ö	T	M	R	A	B	R	E	R	K

Wir heißt der Bibelvers aus Psalm 103, der so etwas beinhaltet wie:

„Gott behandelt uns väterlich;
er hat Erbarmen mit uns Armen!“

11. März

Weißt Du, dass Gott ein Kaufmann ist? Ja, er sucht all die guten Perlen, die in schlechten Händen liegen – und das seit Jahrtausenden. Aber davon einmal abgesehen: Er ist so froh, dass er Dich, eine der kostbaren Perlen längst gefunden hat!
Vielleicht mögen Dich manche Menschen nicht. Sie lehnen Dich ab. Und andere, die Du liebhast, reden dir ständig ein, dass Du nichts bist und nichts taugst. Demzufolge traust Du Dir nichts mehr zu. Du zweifelst nur noch an Dir selbst und bist verzweifelt. Aber sei gewiss: Dich gibt es nicht noch einmal auf der Welt. Du bist unverwechselbar – schon vom Aussehen her. Keiner denkt, fühlt und handelt so wie Du. Mit Deinen Stärken und Schwächen, Begabungen und Grenzen führst Du ein einmaliges Leben. Du bist Gottes Wunschkind – bedingungslos angenommen.
Womöglich machst Du Deinen Selbstwert von Leistungen oder vom Versagen abhängig. Du hältst Dich für ein schwarzes Schaf und verhältst Dich so. Na klar: Gott weiß, dass auch Du kein Unschuldslamm bist. Aber er sieht Dich trotzdem nicht als klein und hässlich an. Im Gegenteil: Er liebt Dich so sehr, dass er seinen Sohn für Dich in den Tod gegeben hat.

Weil sich Gott für Dich hingegeben hat, möchte er Dich nie wieder hergeben. Er hat einen hohen Preis für Dich gezahlt. Und darum schlüpfe ihm doch nie wieder durch die Finger. Du bist seine kostbare Perle. Er liebt Dich!

Welche Wörter fehlen im nachstehenden Bibeltext?

„Wiederum gleicht das Himmelreich einem Kaufmann, der gute ______ suchte, und als er eine kostbare ______fand, ging er hin und verkaufte alles, was er hatte, und kaufte sie.“ (Matthäus 13,45+46)

„Gott möchte uns auf Händen tragen!“

12. März

Hier ist ein „Kästchenpuzzle“.
Heute wird ein Bibelvers aus Jesaja 43 gesucht. Die Wörter sind bereits vorgegeben. Sie müssen nur noch in der richtigen Reihenfolge unten eingetragen werden:

bei, bist, deinem, denn, der, der, dich, dich, dich, dich, dich, du, erlöst, Fürchte, gemacht, gerufen, geschaffen, habe, habe, hat, hat, Herr, ich, ich, Israel, Jakob, Namen, nicht, nun, mein, spricht, Und, und

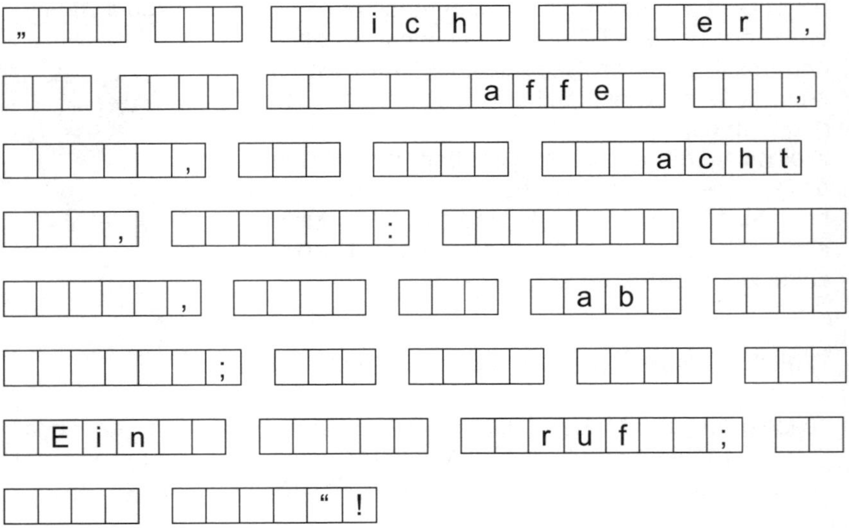

„Gott hat uns ins Leben gerufen; er hat uns zum Leben mit ihm berufen!“

13. März

Heute gibt es einen „Silbenwurm".
Dabei ist der Bibelvers aus Jesaja 49 vorgegeben – allerdings nur in Silben, die geordnet und auseinandergelesen werden müssen. Wie heißt der Vers richtig?

„KANNSIESICHNICHTKINDEILEINVERGESA
UCHNEFRAUIHRSENDASSERBARMEÜIHRE
SLEIBERDENSOHNBES?"

„Auch wenn Eltern uns ablehnen, können wir uns bei Gott anlehnen!"

Die Antwort Gottes aus Jesaja 49 sieht im „Silbenwurm" so aus:

„VEROBGÄICHßEUNDSIESEISONERWILLIC
HDEIDOCHNERVERNICHTSENGES."

---

14. März

Damals wie heute haben sich Menschen mit Kosenamen angesprochen. Paare, die mehr füreinander empfinden, nennen sich gegenseitig hin und wieder einmal: „Liebling“, „Schatz“, „Darling“, „mein Goldfasan“ und vieles andere mehr. Eltern sagen liebevoll oft zu ihren Kindern: „Kleines“, „Schnecke“, „Hasenfuß“, „Mäuschen“, „Prinzessin“ oder „Räuber“. Mütter werden von ihren Schützlingen in der Regel mit „Mama“, „Mutti“ oder „Muttchen“ angesprochen. Und die Väter? Für sie werden meistens solche Anreden wie „Papa“, „Daddy“ oder „Papi(li)“ verwendet.
Gott ist ja nun bekanntlich auch unser Vater. Ihn bezeichnen viele Menschen als „lieben Gott“, „Allmächtiger“ oder „gütigen Herrgott“. An zwei Stellen in der Bibel ist sogar davon die Rede, dass wir Gott liebevoll mit „Papa“ ansprechen dürfen. Im Hebräischen klingt dieser Name wie eine schwedische Musikgruppe, die ungefähr vor vierzig Jahren ihre größten Hits sang.

Wie heißt nun das hebräische Wort für Papa und wo ist davon in der Bibel die Rede?

***„Gott handelt wie ein Vater,
indem er uns auch
wie eine Mutter bemuttert!“***

15. März

Hier kommt „Schreiben nach Zahlen“.
Im folgenden Bibeltext aus Johannes 10 wiederholen sich Wörter immer wieder. Es gilt heute, sie herauszufinden und den vorgegebenen Zahlen zuzuordnen, damit sich der gewünschte Sinn ergibt.

„❸ Schafe hören ❸ Stimme, ❼ ❻ kenne ❷ ❼ ❷ folgen mir; ❼ ❻ gebe ihnen das ewige Leben, ❼ ❷ werden nimmermehr umkommen, ❼ ❶ wird ❷ aus meiner ❺ ❹. Mein Vater, der mir ❷ gegeben hat, ist größer als alles, ❼ ❶ kann ❷ aus des Vaters ❺ ❹.

Gesucht werden die nachstehende Wörter:

NIEMAND = ___, SIE = ___, MEINE = ___,
REIßE-N = ___, HAND = ___ ICH = ___, UND = ___

„Auf liebevolle Art hat uns der himmlische Vater fest im Griff!“

16. März

Heute gibt es ein „Verspuzzle“.
In den Kästchen ist ein Bibeltext auseinandergenommen und muss wieder zusammengesetzt werden. Wie heißt er und wo steht er im 11. Kapitel des Matthäusevangeliums?

1 cken. Nehmt auf	2 meine Last ist	3 ihr Ruhe finden
4 Denn mein Joch	5 mühselig und be-	6 und lernt von mir;
7 euch mein Joch	8 sanftmütig und	9 will euch erqui-
10 „Kommt her zu	11 leicht.“ (Mt. 11)	12 von Herzen de-
13 denn ich bin	14 laden seid; ich	15 mir, alle, die ihr
16 für eure Seelen.	17 mütig; so werdet	18 ist sanft, und

„Aus Jesu Einladung,
bei ihm abzuladen und ihm zu folgen,
kann nur Gutes folgen!“

17. März

Heute gibt es ein „Bilderrätsel“.
Dabei gilt es, nur die kodierten Buchstaben dieser Bilder zusammenzufügen. Als Lösungswort kommt dann ein anderer Begriff für den befestigten Fußboden einer Scheune zum Vorschein.
Kleiner Tipp: Er kommt auch in der Bibel vor.

7,5

3,8,2

„Wie gut,
dass wir entscheiden können,
ob wir das Gute vom Schlechten
scheiden wollen!“

18. März

Heute gibt es ein „Zahlenrätsel“.
Es gilt, aus Zahlen Wörter zu erraten.
Der Bibelvers, der dabei gesucht wird, drückt Folgendes aus:

„Mein Gott, lehre mich zu sagen, dass du das Sagen hast!“

„				
	5	8	2	2

1	3

M	E	I	N	E
4	8	6	9	8

			-
7	6	10	

10	8	9

11	3	14

12	11	15	15

4	8	6	9

4	3	9	12

12	8	6	9	8	9

R	U	H	M
2	3	5	4

										.	“
13	8	2	16	17	9	12	6	18	8		

19. März

Jetzt kommt ein „Mittelsilbenrätsel“:
Aus den nachstehenden Silben können Namen von Personen aus der Bibel gebildet werden. Die nicht angegebenen Mittelsilben ergeben eine Altbekannte aus dem Alten Testament.

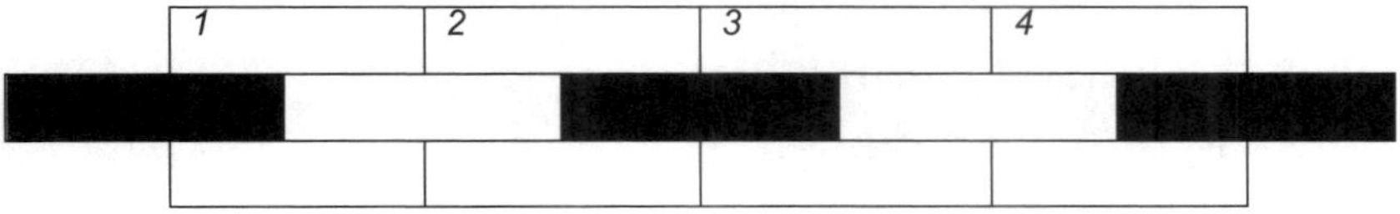

AB – AB – CHAR – EL – HAM – IS – IS – LOM

[1] Wie heißt ein Sohn Davids?
[2] Wie heißt ein älterer Bruder von Josef, dem Träumer?
[3] Wer war der Onkel von Lot?
[4] Welchen neuen Namen gab Gott Jakob am Jabbok?

„Nicht alle Menschen sind Christen; aber alle Christen sind Menschen!“

„Die Natur ist natürlich von Gott gemacht!“

Darum hat Peter Strauch das gleichnamige Lied geschrieben:

Herr, ich sehe deine Welt,
das weite ____________________,
die Wunder deiner Schöpfung.
Alles das hast du gemacht,
den Tag und auch die __________,
ich danke dir dafür.
Berge, Flüsse und die ___________,
die Täler und die Höh’n,
sind Zeichen deiner Liebe.
Sonne, Wolken, Sand und __________,
die loben dich so sehr,
sie preisen deine Macht.

Refrain:
Darum bete ich dich an,
weil ich nicht schweigen kann;
die Freude füllt mein Singen.
Staunend habe ich erkannt:
Ich bin in deiner Hand,
und du lässt mich nicht los.

21. März

Heute wird „Einsatz“ gesucht.
Hier gilt es, aus dem Bibeltext eine Glaubensaussage zu finden. Die fettgedruckten Wörter dienen als Hinweis und müssen geordnet werden.

„Er ist das Ebenbild des unsichtbaren **Gottes**, der Erstgeborene vor aller **Schöpfung**. Denn in ihm ist alles **geschaffen**, was im Himmel und auf Erden **ist**, das Sichtbare und das Unsichtbare, es seien Throne oder Herrschaften oder Mächte oder Gewalten; es ist alles **durch ihn** und zu ihm geschaffen. Und er ist vor allem, und es besteht alles in ihm.“ (Kolosser 1,16-17)

____

____

„Durch Gott entstand das ganze Sein; darum ist auch das Ganze seins!“

22. März

Hinter dem heutigen „Schwedenrätsel“ stecken 14 Wörter. Sie können in jede Richtung laufen – vorwärts, diagonal, rückwärts, vertikal. Die Buchstaben, die sich hinter den Sternchen verbergen, ergeben der Reihe nach ein Wort des Bibelverses aus Galater 6. Wie heißt er?

was, der, er, ernten, euch, nicht, irret,
wird, nicht, spotten, denn, Mensch,
Gott, lässt, sich, sät, das

A	M	☆	N	S	C	H	D	O	P	F
I	E	R	G	T	Z	L	A	Ö	N	N
☆	V	T	G	C	T	Ä	S	J	I	E
R	Y	H	C	O	Ä	S	B	E	C	T
E	U	C	H	R	T	S	I	C	H	T
T	Z	I	M	E	L	T	A	S	T	O
B	N	☆	E	D	K	L	A	Ö	D	P
E	R	N	☆	☆	☆	W	I	R	D	S

***„Was wir in Gang bringen,
wird seinen Lauf nehmen!“***

23. März

Heute herrscht „Tohuwabohu“.
Welche Verse aus dem nachfolgenden Bibeltext des Predigerbuches 3,1-8 sind verdreht?

„**1** Ein jegliches hat seine Zeit, und alles Vorhaben un-
ter dem Himmel hat seine Stunde: **2** geboren werden
hat seine Zeit, sterben hat seine Zeit; pflanzen hat sei-
ne Zeit, zerreißen hat seine Zeit, zunähen hat seine
Zeit; **3** töten hat seine Zeit, heilen hat seine Zeit; ab-
brechen hat seine Zeit, bauen hat seine Zeit; **4** weinen
hat seine Zeit, lachen hat seine Zeit; klagen hat seine
Zeit, tanzen hat seine Zeit; **5** Steine wegwerfen hat
seine Zeit, Steine sammeln hat seine Zeit; herzen hat
seine Zeit, aufhören zu herzen hat seine Zeit; **6** su-
chen hat seine Zeit, verlieren hat seine Zeit; behalten
hat seine Zeit, wegwerfen hat seine Zeit; **7** ausreißen,
was gepflanzt ist, hat seine Zeit; schweigen hat seine
Zeit, reden hat seine Zeit; **8** lieben hat seine Zeit, has-
sen hat seine Zeit; Streit hat seine Zeit, Friede hat sei-
ne Zeit.“

***„Wir dürfen verfolgen,
dass alles seine Abfolge hat!“***

„Lasst uns auf Gottes Werk gut achten, weil er es be-gut-achtet hat!"

Von daher ist es wichtig, im „Satzsalat" den folgenden Bibelvers aus 1. Mose 1 richtig umzustellen.
Kleiner Tipp: Die Satzzeichen sind zum Teil nachträglich eingefügt.

„Und siehe an,
es war!
Und Gott hatte alles,
was er sah, sehr gut gemacht."

____

____

25. März

Heute gibt es ein „Verspuzzle“.
In den Kästchen ist ein Bibelvers aus Lukas 17 auseinandergenommen und muss wieder zusammengesetzt werden. Wie heißt er?

1 ZU	2 DANN	3 UND
4 ABER	5 DICH	6 MAULBEERBAUM
7 UND	8 GEHORCHEN.“	9 SPRACH
10 SAGEN	11 „DER	12 REIß
13 WIE	14 GLAUBEN	15 GROß
16 MEER	17 SENFKORN	18 EUCH
19 HÄTTET	20 ÍHR	21 DICH
22 HERR	23 INS	24 DIESEM
25 IHR	26 ER	27 SO
28 EIN	29 VERSETZE	30 WENN
31 WÜRDE	32 KÖNNTET	33 AUS

____

____

„Im Glauben können wir Bäume ausreißen!“

Wo sind die 6 Fehler versteckt?

„Wohl dem, der nicht handelt im Rat der Gottlosen noch tritt auf den Steg der Sünder noch sitzt, wo die Spötter sitzen, sondern hat Lust am Gesetz des HERRN und sinnt über seinem Gesetz Tag und Nacht! Der ist wie ein Baum, gepflanzt an den Wasserströmen, der seine Frucht bringt zu meiner Zeit, und seine Blätter verwelken nicht. Und was er macht, das gerät wohl. Aber so sind die Gottlosen nicht, sondern wie Heu, die der Wind zerstreut. Darum bestehen die Gottlosen nicht im Gericht noch die Sünder in der Gemeinde der Gerechten. Denn der HERR kennt den Weg der Gerechten, aber der Gottlosen Weg vergeht.“ (Psalm 1)

„Wir tun gut daran,
uns an Gott zu halten,
weil er uns erhält!“

27. März

Heute gibt es ein „Zuordnungsrätsel“.
Es gilt, acht verschiedene Tiere zu finden, die in der Bibel vorkommen.
Die folgenden Buchstaben sind darin enthalten.

I	G	E	F	H	K	L	W
Ü	N	P	S	Ö	D	Z	R

_ _ _ _ 1. Mose 41,3

_ _ _ _ _ _ Jesaja 7,18

_ _ _ _ Lukas 13,15

_ _ _ Jesaja 13,14

_ _ _ _ 2. Mose 20,17

_ _ _ _ _ _ Hiob 27,18

_ _ _ _ _ _ 1. Mose 30,33

_ _ _ _ _ Matthäus 7,15

„Von der Fliege bis zur Ziege – Gott liebt kleine, große Tiere.“

28. März

Heute kommt der „Schüttelshake".
Hier geht es um den Bibeltext aus Matthäus 6,26-30. Alle Wörter sind vorgegeben. Manche müssen nur noch so umgestellt werden, dass neue Begriffe anderer Bedeutungen entstehen und in den Kontext passen.

„Steh die Vögel turne dem Himmel an: eis äsen nicht, sie renten nicht, sei sammeln nicht in eid Scheunen; und reue himmlischer Vater ernährt sie doch. Dies ihr denn nicht levi mehr las sie? Wer ist ruten euch, der seines selben Nägel eine Pansen zusetzen könnte, wie sehr er sich auch darum sorgt? Und warum sorgt ihr euch um die Kleidung? Tausch eid Lilien auf dem Feld an, wie eis waschen: sie anbieter nicht, auch spinnen sei nicht. Ich gase euch, dass auch Salomo in aller reines Herrlichkeit nicht gekleidet gewesen ist wie eine von ihnen. Wenn nun Gott das Sarg auf dem Feld so kleidet, das doch heute steht und morgen in den Ofen geworfen wird: tolles er das nicht viel mehr für euch nut, ihr Kleingläubigen?"

***„Der Vater im Himmel
sorgt sich auch um Mutter Natur!"***

29. März

Heute kommt ein „Zahlenrätsel“.
Dabei gilt es, aus Zahlen Wörter zu erraten. Der Bibelvers, der dabei gesucht wird, drückt Folgendes aus:

„Nur wenn wir etwas aufgeben, können wir etwas abgeben!“

„				
	15	2	1	1

8	19	13

						-
15	2	6	16	2	1	

9	14	7	1

1	6	3	12	11

6	1

8	6	2

2	7	8	2

4	20	18	18	11

17	1	8

E	R	-
2	7	

S	T	I	R	B	T	,
13	11	6	7	10	11	

10	18	2	6	10	11

2	13

19	18	18	2	6	1

15	2	1	1

2	13

19	10	2	7

2	7	13	11	6	7	10	11

10	7	6	1	5	11

2	13

21	6	2	18

						.
4	7	17	3	12	11	

30. März

Bei diesem „Lückenfüller" gilt es heute, die folgenden Begriffe zu sortieren und in den Bibelvers aus Hosea 10 einzufügen:

Zeit, kommt, Gerechtigkeit,
erntet, Liebe, Neues, regnen

„Säet ____________ und __________ nach dem Maße der _________! Pflüget ein ________, solange es ___________ ist, den HERRN zu suchen, bis er ___________und Gerechtigkeit über euch __________ lässt!"

„Wir werden viel Recht sehen, wenn wir viel Recht säen!"

31. März

Heute gibt es „Aus zwei mach eins".
In Reimform sind nachstehend jeweils zwei Begriffe beschrieben, die erraten und hinterher zu einem zusammengesetzten Wort gemacht werden sollen.

1.
„Die Bibel hat ihn nicht verschwiegen.
Er kann gut lügen und betrügen.
Doch dann sieht er die Himmelsleiter
und wird doch noch ein Gottesstreiter."

2.
„Quellwasser trägt er in sich –
es ist noch ganz gesund und frisch.
Man schöpft mit großen Eimern draus
und geht mit ihnen schnell nach Haus."

Kleiner Tipp: „Eh ich es vergess´:
Die beiden Wörter verbindet ein ‚s'!"

„Bei Gott können wir mehr als Hoffnung schöpfen!"

1. April

„So manche Ankündigung ist auch Verkündigung!“

Infolgedessen ist es wichtig, im „Satzsalat“ den folgenden Bibelvers aus Markus 8 richtig umzustellen.

„Der Menschensohn fing an, zu leiden Und nach drei Tagen lehren: sie werden von den Schriftgelehrten, den Ältesten und er muss viel Hohenpriestern verworfen und getötet werden auferstehen. und und und“

____

____

____

____

2. April

Heute wird „Einsatz“ gesucht.
Hier gilt es, aus dem Bibeltext eine Glaubensaussage zu finden. Die fettgedruckten Wörter dienen als Hinweis und müssen geordnet werden.

„Denn es ist hier kein Unterschied: sie sind allesamt **Sünder** und ermangeln des Ruhmes, den sie bei Gott **haben** sollten, **und** werden ohne Verdienst gerecht aus seiner **Gnade durch** die **Erlösung**, die durch **Christus** Jesus geschehen ist.“ (Römer 3,22-24)

____

____

„Weil uns ohne Jesus das Wasser bis zum Hals steht, hat er uns den Rettungsring zugeworfen!“

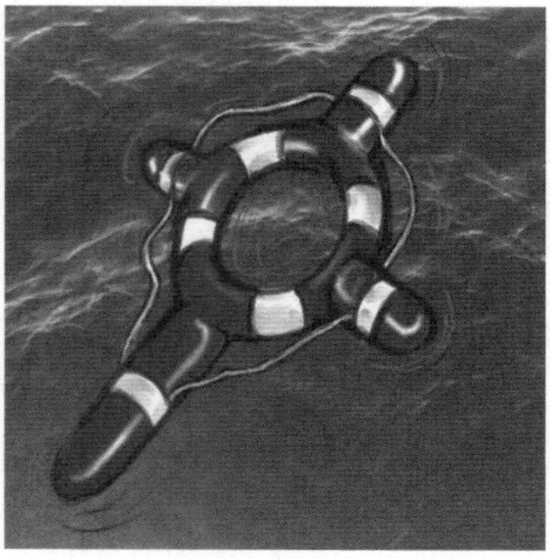

3. April

Heute gibt es wieder „Wortsalat“.
Die gesuchten Begriffe beschreiben Dinge rund um das Kreuz.

BESTERN ____________

EINDEL ____________

BERGVUENG ____________

GÖRENSUL ____________

RINGEZUGUK ____________

BALDNAHME ____________

TOTPS ____________

SOLLDUSCH ____________

TERTER ____________

TAGSNUEHFREU ____________

„Was für ein Glück, dass Jesus bei uns aufgekreuzt ist!“

4. April

Heute gibt es wieder ein „Felderpuzzle“.
In den Feldern ist ein Bibeltext auseinandergenommen und muss wieder zusammengesetzt werden. Wie heißt er?

1 und lud auf sich unsre Schmerzen.	2 ihn.“ (Jesaja 53,2-6)	3 auf dass wir Frieden hätten, und
4 gefallen hätte. Er war Allerverach-	5 rum haben wir ihn für nichts erachtet.	6 und gemartert wäre. Aber er ist
7 „Er schoss auf vor ihm wie ein Reis	8 Weg. Aber der HERR warf	9 tetste und Unwerteste, voller
10 durch seine Wunden sind	11 war keine Gestalt, die uns	12 so verachtet, dass man das
13 Hoheit. Wir sahen ihn, aber da	14 um unsrer Missetat willen verwun-	15 Erdreich. Er hatte keine Gestalt und
16 alle in die Irre wie Schafe,	17 und wie eine Wurzel aus dürrem	18 Angesicht vor ihm verbarg; da-
19 Schmerzen und Krankheit. Er war	20 zerschlagen. Die Strafe liegt auf ihm,	21 Wir aber hielten ihn für den, der
22 unser aller Sünde auf	23 Fürwahr, er trug unsre Krankheit	24 wir geheilt. Wir gingen
25 geplagt und von Gott geschlagen	26 ein jeder sah auf seinen	27 det und um unsrer Sünde willen

***„Weiterzusagen,
dass Jesus
für uns im Kreuzfeuer stand,
sollte uns unter den Nägeln brennen!“***

In Italien hatte sich einmal ein Mann etwas Gravierendes zuschulden kommen lassen. Er wurde erwischt und in Untersuchungshaft genommen. Ein Justizminister entschied ganz unten auf der Anklageschrift: „Gnade unmöglich, Todesstrafe!“ Aber er musste sich beim Richter noch absichern. Dieser vernahm den Beschuldigten, bevor er am Ende auf das Schreiben zwei kleine Striche setzte. Nun lautete das Urteil: „Gnade, unmöglich Todesstrafe!“ In seiner Barmherzigkeit hatte er lediglich ein Komma durchgestrichen und ein anderes gesetzt.

„Wie gut, dass Gott in Jesus immer Gnade vor Recht ergehen lässt!“

„Satzsalat“: Wie heißt von daher der Bibelspruch aus dem Kolosserbief richtig?

„mit den Forderungen war er gegen uns, seinen Schuldbrief hat der getilgt.“

____

____

6. April

Nun gibt es ein „Kästchenpuzzle“.
Heute wird ein Bibelvers aus Römer 5 gesucht. Die Wörter sind bereits vorgegeben. Sie müssen nur noch in der richtigen Reihenfolge unten eingetragen werden:

zu, aber, seine, Sünder, uns, gestorben,
Gott, darin, erweist, Liebe, dass, für, als,
ist, Christus, wir, waren, noch, uns

„ _ _ _ T _ _ E _ _ _ W _ _ _ _ _ _ I -

_ _ _ _ _ B _ _ U _ _ S _ _ R _ _ ,

_ A _ _ _ _ _ _ _ T _ _ _ _ R _ _ S

_ _ _ _ _ R _ _ _ _ _ T , _ _ S _ _ R

_ O _ _ _ _ N _ _ _ _ _ _ E _ . “

„Nachdem durch die Schuld der Menschen alles entzweiging, hat Gott den ersten Schritt getan!“

7. April

Heute gibt es ein „Flickenpuzzle“.
Der Bibeltext aus Johannes 12 soll mithilfe der Zahlen richtig zusammengesetzt werden.

1 Das Volk aber, das bei ihm war, als er Lazarus aus dem Grabe rief und von den Toten auferweckte, rühmte die Tat. Darum ging ihm auch die Menge entgegen, weil sie hörte, er habe dieses Zeichen getan. Die Pharisäer aber sprachen untereinander: Ihr seht, dass ihr nichts ausrichtet; siehe, alle Welt läuft ihm nach.“

4 Hosianna! Gelobt sei, der da kommt in dem Namen des Herrn, der König von Israel! Jesus aber fand einen jungen Esel und ritt darauf, wie geschrieben steht (Sacharja 9,9): »Fürchte dich nicht, du Tochter Zion!

2 „Als am nächsten Tag die große Menge, die aufs Fest gekommen war, hörte, dass Jesus nach Jerusalem käme, nahmen sie Palmzweige und gingen hinaus ihm entgegen und riefen:

3 Siehe, dein König kommt und reitet auf einem Eselsfüllen.« Das verstanden seine Jünger zuerst nicht; doch als Jesus verherrlicht war, da dachten sie daran, dass dies von ihm geschrieben stand und man so mit ihm getan hatte.

„Als Jesus in Jerusalem einzog, waren alle von ihm angezogen!“

8. April

Hier gibt es ein „Würfelrätsel".
Heute sind die Fragen und jeweils zwei Antwortmöglichkeiten, hinter denen ein Buchstabe steht, vorgegeben. Bei der richtigen Lösung ergeben diese – durcheinandergewürfelt – den Begriff, wofür Jesus starb.

Wer fragte Jesus: „Bist du der König der Juden?"

a) Pilates ….. T b) Pilatus ….. N

Wer wurde anstelle Jesus freigelassen?

a) Barnabas ….. R b) Barabbas ….. S

Wer verhörte Jesus?

a) Hannas ….. Ü b) Hananja ….. Ä

Wie hieß der Hügel, wo Jesus gekreuzigt wurde?

a) Colgate ….. I b) Golgatha ….. E

Was rief Jesus verzweifelt am Kreuz?

a) Eli, Eli, lama asabtani ….. D b) Elia, Elia, lama asabtani ….. G

„Unsere Sünde
hat Gottes Pläne durchkreuzt!"

9. April

Zwischen Himmel und Erde ist ein Riss
und ein Kampf zwischen Licht und Finsternis
in dieser Zwischenzeit, in dieser Zwischenzeit.
Zwischen Himmel und Erde sind wir noch
und das, was wir nicht wollen, tun wir doch
in dieser Zwischenzeit, in dieser Zwischenzeit.
Mitten in dieser Welt, doch nicht von dieser Welt
Wir gehören zu dir und doch sind wir noch hier.

Zwischen Himmel und Erde leiden wir
an Zerissenheit auf dem Weg zu dir
in dieser Zwischenzeit, in dieser Zwischenzeit.
Zwischen Himmel und Erde ist ein Steg
und du selbst bist die Brücke und der Weg
in dieser Zwischenzeit, in dieser Zwischenzeit.

Zwischen Himmel und Erde stehen wir
und wir treten in diesen Riss mit dir
in dieser Zwischenzeit, in dieser Zwischenzeit.
Du machst Himmel und Erde einmal neu
doch dein Reich ist schon da und du bist treu
in dieser Zwischenzeit, in dieser Zwischenzeit.

Refrain:
Zwischen Himmel und Erde hängst du dort
ganz allein und verlassen von Mensch und Gott
zwischen Himmel und Erde ausgestreckt dort am Kreuz.
Zwischen Himmel und Erde hängst du dort
wo die Balken sich kreuzen, ist der Ort,
wo sich Himmel und Erde trifft in dir dort am Kreuz.

„Am Kreuz hing Jesus quasi
_ _ _ _ _ _ _ _ _!“ , machte Albert Frey eben deutlich …

10. April

Hier kommt ein „Mottorätsel“.
Im heutigen Rätsel werden neun Begriffe gesucht, die zu einem bestimmten Ritual in der Kirche gehören. Einige Buchstaben sind vorgegeben. Bei richtiger Lösung ergibt die grau eingefärbte, waagerechte Zeile diese von Jesus eingeführte Handlung.
Kleiner Tipp: Diesmal wird ein „Ä“ als „ae“ geschrieben.

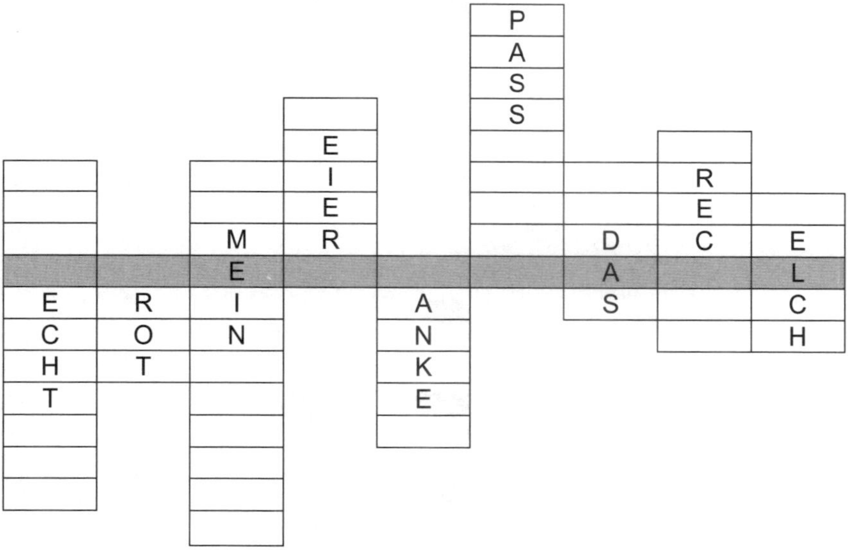

„Das Abendmahl wird nicht nur am Abend mal begangen!“

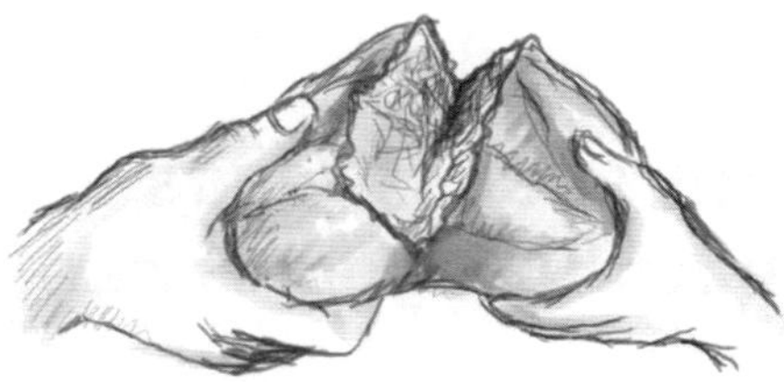

11. April

Heute gibt es – in der Tat – ein „Kreuzworträtsel“.
Gesucht wird ein Wort von Jesus, das er am Kreuz aussprach.

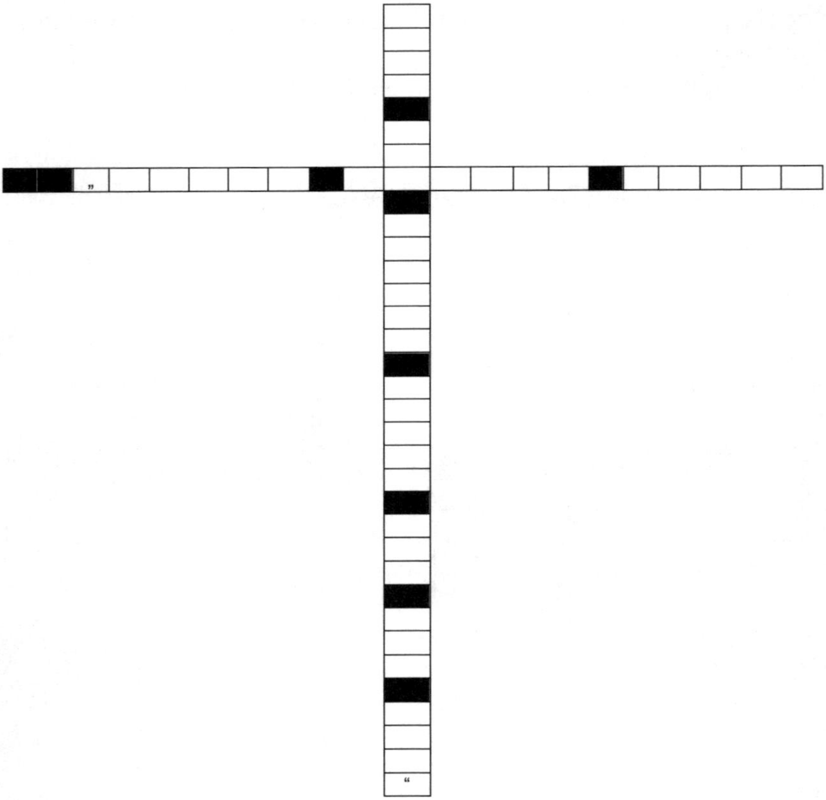

„Für uns ist Jesus zu Kreuze gekrochen!“

12. April

Aus welchem Psalm zitert Jesus Christus die verzweifelte Frage, die im nachstehenden Text aus Matthäus 27,38-50 fett gedruckt ist?

„Und da wurden zwei Räuber mit ihm gekreuzigt, einer zur Rechten und einer zur Linken. Die aber vorübergingen, lästerten ihn und schüttelten ihre Köpfe und sprachen: Der du den Tempel abbrichst und baust ihn auf in drei Tagen, hilf dir selber, wenn du Gottes Sohn bist, und steig herab vom Kreuz! Desgleichen spotteten auch die Hohenpriester mit den Schriftgelehrten und Ältesten und sprachen: Andern hat er geholfen und kann sich selber nicht helfen. Ist er der König von Israel, so steige er nun vom Kreuz herab. Dann wollen wir an ihn glauben. Er hat Gott vertraut; der erlöse ihn nun, wenn er Gefallen an ihm hat; denn er hat gesagt: Ich bin Gottes Sohn. Desgleichen schmähten ihn auch die Räuber, die mit ihm gekreuzigt waren. Und von der sechsten Stunde an kam eine Finsternis über das ganze Land bis zur neunten Stunde. Und um die neunte Stunde schrie Jesus laut: Eli, Eli, lama asabtani? Das heißt: **Mein Gott, mein Gott, warum hast du mich verlassen?** Einige aber, die da standen, als sie das hörten, sprachen sie: Der ruft nach Elia. Und sogleich lief einer von ihnen, nahm einen Schwamm und füllte ihn mit Essig und steckte ihn auf ein Rohr und gab ihm zu trinken. Die andern aber sprachen: Halt, lass sehen, ob Elia komme und ihm helfe! Aber Jesus schrie abermals laut und verschied.

„Auf Gott ist Verlass;
weil er Jesus verlassen hat,
muss er uns niemals verlassen!“

13. April

Wie heißt der Dichter des Liedes: „O Haupt voll Blut und Wunden“? Im „Wortsalat“ sieht der Name so aus:

<u>UPAL HERDGART</u>

O Haupt voll Blut und Wunden,
voll Schmerz und voller Hohn,
o Haupt, zum Spott gebunden
mit einer Dornenkron',
O Haupt, sonst schön gezieret
mit höchster Ehr' und Zier,
Jetzt aber höchst schimpfieret;
gegrüßet sei'st du mir!

Nun, was du, Herr, erduldet,
ist alles meine Last;
ich hab' es selbst verschuldet,
was du getragen hast.
Schau her, hier steh' ich Armer,
der Zorn verdienet hat;
gib mir, o mein Erbarmer,
den Anblick deiner Gnad'!

Ich danke dir von Herzen,
O Jesu, liebster Freund,
für deines Todes Schmerzen,
da du's so gut gemeint.
Ach gib, dass ich mich halte
zu dir und deiner Treu'
und, wenn ich nun erkalte,
in dir mein Ende sei!

„Jesu Wunden sind nicht verwunderlich!“

14. April

Im „Lückenbüßer“ wird nun Folgendes gesucht:

„Ein Ausruf, der verdeutlicht:
Er lebt, denn wir haben ihn erlebt!“

_E_ ___R ___ _U__________!

__ I__ __H______G __F__-

___N___!

Die folgenden Buchstaben sind ein- oder mehrmals vorhanden:

A	D	E	F	G	H	I	N	R	S	T	U	W

15. April

Heute gibt es wieder ein „Felderpuzzle".
In den Feldern ist ein Bibeltext auseinandergenommen und muss wieder zusammengesetzt werden. Wie heißt er?

1 hinein in das Grab und sahen einen Jüngling zur rech-	2 uns den Stein von des Grabes Tür? Und sie sahen hin	3 und Entsetzen hatte sie ergriffen. Und sie sagten nieman-
4 Nazareth, den Gekreuzigten. Er ist auferstanden, er	5 ihn zu salben. Und sie kamen zum Grab am	6 von Magdala und Maria, die Mutter des Jakobus, und
7 ten. Geht aber hin und sagt seinen Jüngern und Pet-	8 und wurden gewahr, dass der Stein weggewälzt	9 ten Hand sitzen, der hatte ein langes weißes Ge-
10 „Und als der Sabbat vergangen war, kauften Maria	11 gingen hinaus und flohen von dem Grab; denn Zittern	12 ihnen: Entsetzt euch nicht! Ihr sucht Jesus von
13 rus, dass er vor euch hingehen wird nach Galiläa; dort	14 dem etwas; denn sie fürchteten sich." (Markus 16,1-8)	15 ersten Tag der Woche, sehr früh, als die Sonne
16 Salome wohlriechende Öle, um hinzugehen und	17 ist nicht hier. Siehe da die Stätte, wo sie ihn hinleg-	18 war; denn er war sehr groß. Und sie gingen
19 wand an, und sie entsetzten sich. Er aber sprach zu	20 aufging. Und sie sprachen untereinander: Wer wälzt	21 dort werdet ihr ihn sehen, wie er euch gesagt hat. Und sie

„Mit der Auferstehung
ist der Stein
längst ins Rollen gekommen!"

16. April

Heute wird „Streiche" gespielt.
Aus dem nachstehenden Riesenwort „Auferstehungsgemeinde" sollen die Buchstaben der Ergebnisse der folgenden Aufgaben von links nach rechts weggestrichen werden, sodass ein einziges Wort übrig bleibt.

AUFERSTEHUNGSGEMEINDE

1. Der gute Hirte weidet mich in Psalm 23 auf einer grünen _ _ _ .
2. Streiche von dem 2. Wort aus Jeremia 8,7 die ersten beiden Buchstaben.
3. Wie heißt das 14. Wort in Psalm 35,23?
4. Streiche von dem 5. Wort aus 1. Korinther 13,13 den ersten und die beiden letzten Buchstaben.
5. Streiche von dem 7. Wort aus Sprüche 10,7 den ersten, dritten und vierten Buchstaben.

„Die Auferstehungsgemeinde
ist nicht nur in Mainz;
meins kann es auch sein,
wenn die Auferstehung Jesu
in der Gemeinde gefeiert wird!"

17. April

„Weil Jesus Christus lebt, müssen wir unsere Hoffnung nicht mehr begraben!"

Demnach ist es wichtig, im „Satzsalat" den folgenden Bibelvers aus Johannes 11 richtig umzustellen.

„Wer spricht zu ihr: das bin ich Leben. mich auch er stirbt; glaubt der Jesus: und nimmermehr wird glaubt, wer da an mich, Auferstehung und lebt und die sterben. wenn an leben, der wird
das Glaubst du?"

____

____

____

____

18. April

Heute kommt ein „Zahlenvers".
Dabei gilt es, aus Zahlen Wörter zu erraten.
Der Bibelvers, der dabei gesucht wird, drückt Folgendes aus:

„Jesus, das Leben, starb für uns, damit wir leben können!"

- 9 3 8 ________
- 12 5 2 5 ________
- 21 14 4 ________
- 9 8 18 ________
- 19 15 12 12 20 ________
- 1 21 3 8 ________
- 12 5 2 5 14 ________.

1	2	3	4	5	8	9	12	14	15	18	19	20	21
A				E	H	I			O	R	S		U

19. April

Hier fehlen Begriffe des Texts „Versöhnung“ von Jürgen Werth.

Wie ein Fest nach langer ________,
wie ein Feuer in der Nacht,
ein offnes Tor in einer Mauer,
für die Sonne aufgemacht.
Wie ein Brief nach langem __________.,
wie ein unverhoffter Gruß,
wie ein Blatt an toten Zweigen,
ein Ich-mag-dich-trotzdem-___________.

Wie ein Regen in der Wüste,
frischer Tau auf dürrem _________,
Heimatklänge für Vermisste,
alte Freunde Hand in Hand.
Wie ein Schlüssel im _____________,
wie in Seenot Land in Sicht,
wie ein Weg aus der Bedrängnis,
wie ein strahlendes ______________.

Wie ein Wort von toten __________,
wie ein Blick, der Hoffnung weckt,
wie ein Licht auf steilen Klippen,
wie ein Erdteil neu ____________.
Wie der Frühling, wie der Morgen,
wie ein Lied, wie ein Gedicht,
wie das Leben, wie die Liebe,
wie Gott selbst, das wahre _______.

„Durch Gottes Sohn gibt es Versöhnung!“

20. April

Heute kommt ein "Mottorätsel".
Es gilt, fünf Aspekte der Hoffnung zu finden. Einige Buchstaben sind vorgegeben.
Wenn sie richtig eingetragen werden, ergeben die vierten Buchstaben der einzelnen Begriffe von oben nach unten den Zeitpunkt, wann wir Hoffnung erleben können.

1 L												
2 E				I	C	H						
3 Z												
4 W					I	C	H					
5 L												

Bei Hoffnung …

1 wird Dunkelheit ____________.

2 finden wir _________________.

3 haben wir _________________.

4 gewinnen wir ______________.

5 gibt es ____________________.

„Durch die Auferstehung sind wir aufgeweckte Leute!"

21. April

Im heutigen „Mittelworträtsel“ werden Begriffe gesucht, die sowohl am Ende des links stehenden als auch am Anfang des rechts stehenden Wortes übereinstimmen.
Diesmal steht alles unter dem Motto: „Kreuz und Auferstehung“.

Tod	____________________	Vergebung
Holz	____________________	Verhör
Auferstehungs	____________________	Wache
Dank	____________________	Lamm
Blut	____________________	Gier
Juden	____________________	Reich

„Jesus Christus hat mit seinem Tod und seiner Auferstehung den Tod zum Teufel gejagt!“

22. April

Hier kommt der „Schüttelshake“.
Jetzt sind die folgenden fettgedruckten, großgeschriebenen Wörter wieder so umzustellen, dass neue Begriffe anderer Bedeutungen entstehen und in die biblische Geschichte vom „Jüngling zu Nain“ passen.

Es geschah in **NINA**: Eine **RAUF WEITEN** um ihren **NETTO BANKEN**. Viele teilten ihren **KRUMME**, denn auch ihr **TAGTE** war schon ein **OTTER**. Außerhalb von diesem **TOR** sollte er nun die **ZELTET HURE** finden. Aber dann kam der **STRIEME**. Er sagte: **SEHT** auf! Daraufhin **BOHRE** sich der **KEILEN**. Er war wieder voller **NEBEL**, sodass alle **EIFERTEN** und Gott die **HEER** gaben!

______________, ______________, ______________, ______________,

______________, ______________, ______________, ______________,

______________, ______________, ______________, ______________,

______________, ______________, ______________, ______________,

______________, ______________

„Nain ist der Ort, wo ein Nein zum Tod gesprochen wird!“

23. April

In diesem „Silbenkreuzworträtsel“ sind fettgedruckte Wörter aus der nacherzählten Geschichte von den Emmausjüngern zu ergänzen.

Zwei **sagenhaft traurige** Jünger - der eine hieß **Kleopas** - mach-ten einen **Spaziergang** nach **Emmaus**. Sie hatten - **ehrlich** gesagt - **gehofft**, dass Jesus das Reich **bauen** würde. Aber dann geschah das **Verbrechen**... Nun gesellte sich ein **Unbekannter** zu ihnen. Sie **zierten** sich nicht, ihm im **Gehen** vom **Segen** zu erzählen, den Jesus hätte verbreiten können. Auch den Frauen – darunter war vielleicht eine **Maria** – **vertrauten** sie nicht, die **gesehen** hatten, dass Jesus **auferstanden** war. Dann erklärte ihnen der Fremde, dass Jesus das alles für sie **erlitten** hatte und in die **Herrlichkeit** eingehen musste, was sie **glaubhaft** fanden. Da nun der **Untergang** der Sonne nahte, sollte er noch eine **Mahlzeit** bei ihnen einnehmen. Während sie das Brot **brachen**, wurden sie **unverhofft** nicht nur ans **Passa**, sondern auch ans **Abendmahl** erinnert. Da waren ihre Augen nicht mehr **gehalten.** Sie haben **verstanden**, dass ihr Herr lebt.

	MA		■			PAS	■	
■		■	■	■	■			HAFT
■			MAHL	■		■	■	■
JE	■	■		■	TRAU		GE	■
SUS	■		■			■		
■	■			■	■			■
		GANG	■			HOFFT	■	
	■	■	■	■		■	■	
KANN	■				DEN	■		CHEN
	■	■		■	■		■	■
■			TEN	■		LICH		■

„Oft sind unsere Augen gehalten, bevor wir sie für Jesus aufhalten können!“

24. April

Heute kommt ‚"Die Qual der Wahl".
Es soll der nachfolgende Bibelvers aus Römer 8 ergänzt werden. Mehrere Möglichkeiten sind vorgegeben. Aber welche stimmen?

„Wer will uns scheiden von der Liebe Christi?

- ☐ … Trübsal … oder
- ☐ … Schuld … oder
- ☐ … Angst … oder
- ☐ … Verfolgung … oder
- ☐ … Hunger … oder
- ☐ … Blöße … oder
- ☐ … Hochmut … oder
- ☐ … Gefahr … oder
- ☐ … Schwert."

„Gottes Liebe bleibt beständig, egal – in welchen Umständen wir uns auch immer befinden!"

25. April

Heute gibt es ein „Versrätsel".
Die fehlenden Wörter in den Bibelversen gilt es heute wieder zu finden. Wenn man sie zusammensetzt, ergeben sie einen anderen Vers aus der Bibel. Wie heißt er?

„________, wo ist dein Stachel?" (1. Korinther 15,55)

„Und Gott der HERR rief Adam und sprach zu ihm:
________ bist du? (1. Mose 3,9)

„Weh denen, die des HERRN Tag herbeiwünschen!
Was soll er euch? Denn des HERRN Tag ________
Finsternis und nicht Licht …" (Amos 5,18)

„________ ist der Tag und dein ist die Nacht …"
(Psalm 74,16)

„Unser Glaube ist der __________, der die Welt überwunden hat." (1. Johannes 5,4)

***„Das Leben hat gewonnen;
der Tod muss sterben!"***

26. April

Heute gibt es wieder „Aus zwei mach eins".
In Reimform sind nachstehend jeweils zwei Begriffe beschrieben, die erraten und hinterher zu einem zusammengesetzten Wort gemacht werden sollen.

1.
„Es hat zwei Balken, ähnelt dem Plus.
Wir kennen es nur vom Herrn Jesus,
der an ihm hing und an ihm starb,
und uns Erlösung, den Himmel gab."

____

2.
„Ob rechts, ob links - es gibt ganz viel.
Mancher hat sein eigenes Ziel.
Wir stehen drauf, wolln uns bewegen
und suchen dabei Gottes Segen."

____

Wie heißt nun das zusammengesetzte Wort?

____

***„Gott sei Dank –
Jesus war (nicht) auf dem Holzweg!"***

27. April

Heute gibt es einen „ABC-Satzsalat“.
Dabei sind die Wörter eines Bibelverses aus Apostelgeschichte 24 alphabetisch geordnet.

„Auferstehung dass der der die eine es geben Gerechten Gott, habe Hoffnung Ich Ungerechten wie wird zu“

____

____

____

„Es gibt ein Leben nach dem Tod - für die Lebenden und die Toten!“

Heute wird im „Lückenbüßer“ eine Aufforderung Jesu gesucht, die Folgendes deutlich macht:

„Durch die Auferstehung Jesu kann jeder von uns ein Stehaufmännchen werden!“

_ _ _ _ _ _ _!

Die folgenden Buchstaben sind jeweils einmal enthalten:

A	E	F	H	S	T	U

29. April

Heute gibt es „Silbenwürmer“.
Dabei sind Verse aus Matthäus 14 vorgegeben – allerdings nur in Silben – die geordnet und auseinandergelesen werden müssen. Worum handelt es sich in diesem Text?

„UNDWARDASBOOTWEITSCHONVOMENTLANDFE
RNTUNDNOTINKAMDIEWELDURCHLENDERDENN
WINDIHNENSTANDGEENTGEN.“

„VIERADERBERTENINWACHENACHTJEKAMSUSN
ENZUIHUNDGINGSEEDEMAUF.“

„RUSPETUNDSTIEGDEMBOOTAUSAUFUNDGING
WASDEMSER.“

„Es wird hohe Wellen schlagen, wenn wir auf dem Wasser gehen!“

30. April

Heute geht es wieder um eine „Wortsuche“.
Bei dem Begriff, der jetzt gefunden werden will, handelt es sich um einen hebräischen weiblichen Namen. Er bedeutet „die Regierende“ und findet sich nicht nur im 1. Buch, sondern auch im 4. Buch Mose sowie bei Josua.
Die Frau, die heute gesucht wird, hat eine Schwester, die Jiska heißt. Beide sind die Nichten vom Erzvater Abraham. Jene Frau heiratete Abrahams Bruder Nahor, was im Gesetz des Moses nicht verboten war. Sie brachte acht Söhne zur Welt, die folgende Namen hatten: Uz, Bus, Kemuël, Kesed, Haso, Pildasch, Jidlaph und Betuël.
Die gesuchte Frau ist zu guter Letzt auch noch die Urgroßmutter von Esau und Jakob …

Wenn ich an den Namen dieser Frau denke, läuft mir das Wasser im Munde zusammen. Er klingt ganz anders als Lindt oder Sarotti, aber macht genauso glücklich, wenn man ein Stück davon genießt.

Wie heißt nun dieses Wort?

„Eine Versuchung
ist Gottes Kindern oft zuwider,
aber sie ist auch ein Versuch,
ihr zu widerstehen!“

1. Mai

Heute kommt ein „Mottorätsel“.
Es werden bestimmte Wörter gesucht, die mit dem christlichen Glauben in Verbindung stehen. Wenn sie richtig eingetragen werden, ergeben die zweiten Buchstaben der einzelnen Begriffe von oben nach unten einen Vorgang, der unbedingt nötig ist, damit der Glaube wächst.

1 E				
2			E	
3		E		
4	E			
5				E

Christlicher Glaube …

1 … heißt, Gott zu …
2 … heißt, sich vom Alten zu …
3 … heißt, Gott die … zu halten.
4 … bringt ewiges …
5 … ist reine…

„Wenn wir Gott gehören, hören wir auch auf ihn!“

2. Mai

Wer hat das folgende Lied mit dem gleichnamigen Titel gesungen? Im „Wortsalat" heißt er:

JANNOHAT TÖTBRECH

____

Ich sammle Farben für den Winter
und male sie auf ein Blatt Papier.
Und wird die Welt eines Tages grau und leer,
dann schenk ich meine Farben her.

Ich sammle Licht für die Blinden,
die die Schönheit dieser Welt schon nicht mehr sehn.
Die gerade Wege gehn, ohne sich mal umzudrehn,
die immer nur im Schatten stehn.

Ich sammle Lieder für den Tauben,
der nur noch seine eigene Stimme hört,
der redet und nicht denkt, und das,
was man ihm schenkt, durch seine Worte nur zerstört.

Ich sammle Mut und Hoffnung für den Stummen,
der schweigt und nur das tut, was man ihm sagt.
Der seine Wut verbirgt, aus Angst,
dass er verliert, was ihm selber nie gehört.

***„Wenn es anderen zu bunt wird,
können wir Farbe bekennen!"***

3. Mai

In diesem „Pyramidenrätsel“ werden stufenweise neue Buchstaben hinzugefügt und umgestellt, sodass auf diese Weise immer wieder andere Wörter entstehen. Die Fragen zu den Bibeltexten helfen dabei, die Begriffe zu finden.

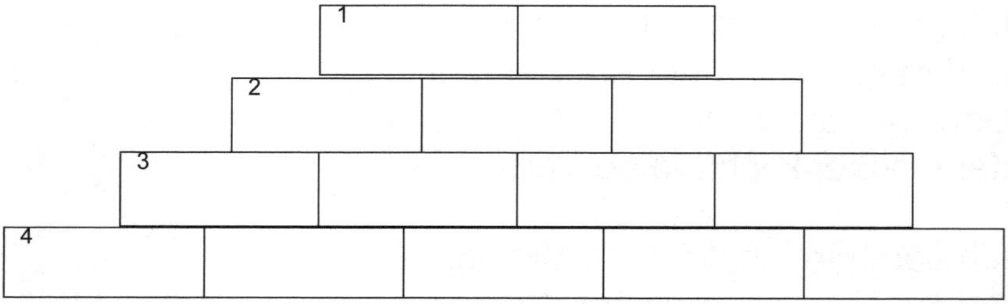

[1] Wie heißt Gott auf hebräisch? (Kurzform)

[2] Wie heißt der Priester, bei dem Samuel in die Schule ging?

[3] Wie heißt der Prophet aus Tischbe? (1. Könige 17,1)

[4] Wer war der Nachfolger vom Propheten Elia?

„Auch wenn Menschen Großartiges verbindet, ist jeder einzigartig!“

4. Mai

Heute gilt es, ein „kodiertes Kreuzworträtsel“ zu lösen. Hinter jeder Zahl steht ein bestimmter Buchstabe, sodass Wörter in Erscheinung treten, die in der Geschichte von der Salbung in Bethanien vorkommen.
Als kleine Hilfe ist ein Wort vorgegeben.

21	2	16	9	8	19	3	18	■
14	■	■	■	■	■	20	■	■
6	14	7	■	10	2	17	19	17
6	■	■	4	19	■	17	■	8
■	10	2	■	4	11	2	■	6
12	8	16	11	8	■	■	14	7
8	■	■	■	17	■	5	■	15
16	■	■	11	■	12	8	5	6
18	11	17	1	5	■	8	■	■
8	12	■	5	■	8 **A**	16 **R**	12 **M**	2 **E**

„Jede Verschwendung
findet Verwendung,
wo sie eine positive Wendung bringt!“

5. Mai

Im heutigen „Silbenrätsel“ geht es um Fremdwörter, die im christlichen Sektor häufig zu hören sind. Wie heißen sie und welche Bedeutung ist ihnen zuzuordnen?

A – AN – HA – HO – JA – LE –
LOM – LU – MA – MEN – NA –
NA – RA – SI – SHA – THA

„Friede sei mit dir.“ ____________________

„So sei es.“ ____________________

„Lobe den Herrn.“ ____________________

„Unser Herr, komm.“ ____________________

„Herr, hilf doch.“ ____________________

„Gott sei Dank
sind Hilfe, Zuwendung und Frieden
für Gott keine Fremdwörter!“

6. Mai

Jetzt kommt das „Mottorätsel".
Hier werden zehn Begriffe gesucht, die zu einem bestimmten Ereignis in der Menschheitsgeschichte gehören. Einige Buchstaben sind vorgegeben. Bei richtiger Lösung ergibt die grau eingefärbte, waagerechte Zeile dieses Drama.

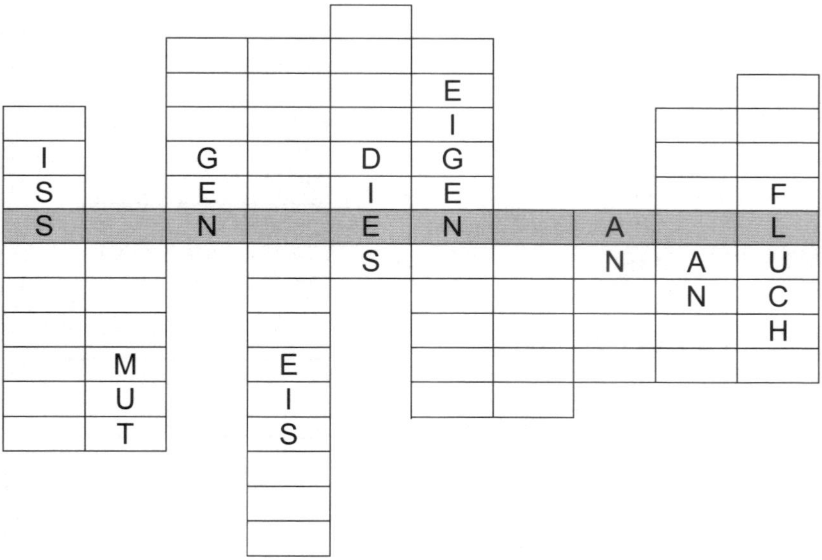

„Jedes Misstrauen gegen Gott ist ein Sündenfall!"

7. Mai

Heute gibt es wieder „Wortsalat“.
Die gesuchten Begriffe verraten Eigenschaften Gottes.

DALLWISSEN ____________________

WANDERBAULN ____________________

DANSRECHTFFECH ____________________

GALLMICHTÄ ____________________

WANZUTGDE ____________________

KEMMOLLVON ____________________

GALGENWÄLGIERT ____________________

„Gottes ureigenste Eigenschaften verschaffen uns Geborgenheit in Gott!“

8. Mai

Im heutigen „Formenpuzzle“ wird ein Zitat von Hans Peter Royer gesucht. Die Teile sind so zu sortieren, dass der Inhalt den gewünschten Sinn ergibt.
Folgendes drückt dieser Spruch - mit anderen Worten – aus:

„Es kommt nicht auf die Länge unseres Lebens an, sondern dass wir lebenslänglich bewusst leben!“

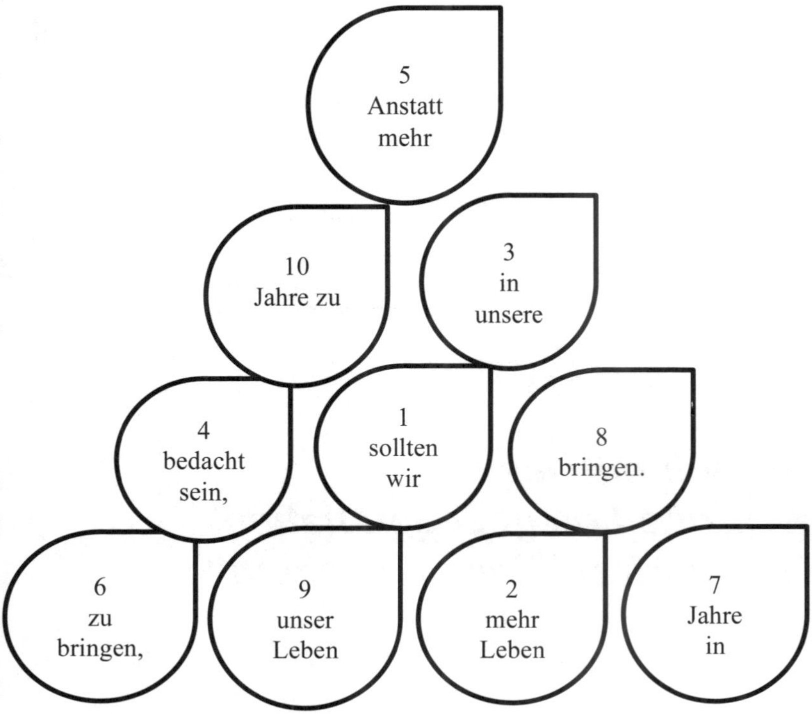

9. Mai

Im „Mittelworträtsel" werden jetzt Begriffe gesucht, die sowohl am Ende des links stehenden als auch am Anfang des rechts stehenden Wortes übereinstimmen.
Diesmal steht alles unter dem Motto: „Bibeltexte in der Tat".

Menschen	______________________	Boot
Hohen	______________________	Schule
See	______________________	Stillung
Himmels	______________________	Lager
Bar	______________________	Waschung
Samen	______________________	Bauer

„Weil wir mit Jesus
das große Los gezogen haben,
können wir mit ihm losziehen!"

10. Mai

Im heutigen „Schwedenrätsel“ stecken 12 Wörter. Sie können in jede Richtung laufen – vorwärts, diagonal, rückwärts, vertikal. Die Buchstaben, die sich hinter den Sternchen verbergen, ergeben der Reihe nach ein Hauptwort des Bibelverses aus Psalm 91. Wie heißt er?

DICH, ALLEN, HAT, ENGELN, DENN, SEINEN, ER, SIE, AUF, DASS, WEGEN, BEFOHLEN, BEHÜTEN, DEINEN

B	☆	H	Ü	T	E	☆	F	O	D
G	E	L	N	M	Q	V	S	I	R
Ö	B	F	H	W	Y	M	C	Ö	T
J	U	Q	O	A	Ü	H	J	G	E
K	T	X	M	H	B	R	G	L	N
W	Z	A	Y	C	L	B	Ü	P	☆
I	D	I	R	Z	R	E	O	U	E
H	E	☆	C	A	P	G	N	A	L
F	I	R	N	O	G	W	L	K	N
P	N	H	Z	N	X	☆	T	E	C
W	E	G	E	N	E	Y	N	Ö	Ü
S	N	L	B	N	T	I	P	R	L
T	A	H	F	J	E	C	H	E	P
J	U	G	U	S	X	Q	V	I	B
W	F	K	N	M	L	D	A	S	S

„Gott hat seinen Boten geboten, uns zu beschützen!“

11. Mai

In dem heutigen „geschüttelten roten Faden“ sind die folgenden Wörter wieder so umzustellen, dass neue Begriffe anderer Bedeutungen entstehen. Beim genaueren Hinsehen ergeben diese eine Verheißung aus den Seligpreisungen, wobei die nicht erwähnten Wörter ergänzt werden müssen.
Kleiner Tipp: Diesmal wird der Buchstabe „Ö“ als „OE“ geschrieben.

„GLEIS ______, EID __ LIED GARTEN, ________

SEI ____________ GESTOTTERE ____________.“

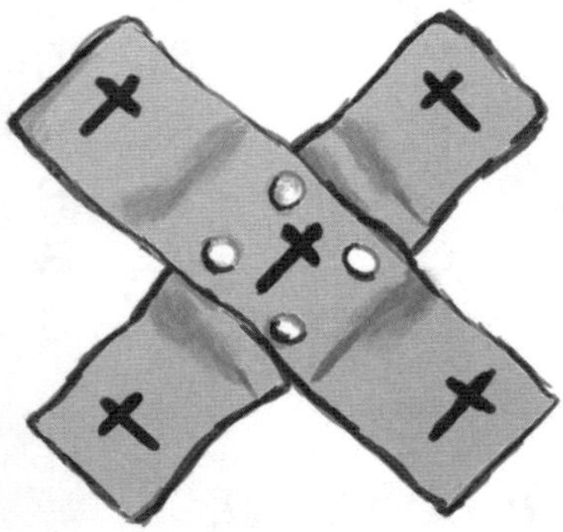

„Gott will, dass wir immer ganz bei Trost sind!“

12. Mai

Beim „Hoppla hopp“ ist wieder von Feld zu Feld zu springen – wie mit einem Springer beim Schach. Das Pferd springt gerade-schräg beziehungsweise schräg-gerade auf das übernächste Feld, um die folgende Position zu erreichen. Begonnen wird mit dem Feld, wo ein Stern zu finden ist, um einen Bibelvers aus Sprüche 28 zu suchen, der Folgendes meint:

***„Wer glaubt, ‚Köpfchen‘ zu haben,
ist kein kluger Kopf;
wer aber um Gott weiß,
ist weise!“***

NEN	RIN	WER	WEIS	AUF
A	HEIT	SEI	ENT	TOR
LÄSST	VER	NEN	SICH	DER
WAN	BER	VER	EIN	WIRD
STAND	IST	DELT	IN	*WER

____

____

____

13. Mai

Heute gibt es ein „Mottorätsel“.
Es werden bestimmte Wörter gesucht, die mit dem christlichen Glauben in Verbindung stehen. Wenn sie richtig eingetragen werden, ergeben die dritten Buchstaben der einzelnen Begriffe von oben nach unten gelesen das Thema, um das es sich dabei dreht.

1 W					
2	O				
3	R				
4 T					
5			E		
6					N

GLAUBE heißt:

1 Ich gehe es immer wieder ein: ein …
2 Jesus zu ...
3 Ich kann Gott …
4 Mich dafür zu entscheiden, mich … zu lassen.
5 Es ist mir wichtig, dass ich nur Gott …
6 Ich werde Gott und den Menschen …

„Gott zu glauben,
ist so unglaublich abenteuerlich!“

14. Mai

Es war einmal ein Schriftgelehrter –
auch genannt: ein Pharisäer.
Er stand neben dem Zöllner im Tempel
und verpasste ihm sofort den Stempel,
denn er hielt treu jedes Gebot,
das uns gegeben vom großen Gott.
Darum bildete er sich auch ein,
viel besser als jener andere zu sein.
Der sah lediglich auf seine Schuld
und erbat Gottes Gnade und Geduld.
Das Ende zeigt: Es ist nur gut,
zu leben in Erbarmen und Demut!

Frage:
Was heißt das Wort „Pharisäer" aus dem Griechischen wörtlich übersetzt?
a) die „Besonderen" oder b) die „Abgesonderten"

***„Besser,
sich an die Brust zu schlagen,
als sich auf die Schulter zu klopfen!"***

15. Mai

Heute gibt es wieder ein „Schlangenrätsel".
Die gesuchten Wörter beginnen alle mit „T". Die Buchstaben am Ende ergeben von oben nach unten gelesen ein bekanntes Wort, das beschreibt, dass wir von Gott bekommen, was wir nicht verdient haben.

1. ____
   In Psalm 118,24 steht: „Dies ist der …, den der Herr macht."

2. ____
   In Lukas 1,52 steht: „Er stößt die Gewaltigen vom …"

3. ____
   Die fünf Bücher Mose werden auch … genannt.

4. ____
   In Römer 6,23 steht: „Der Sünde Sold ist der …"

5. ____
   In Matthäus 3,12 steht: Jesus „wird seine … fegen."

„Gott sei Dank sagt Gott: Gnade dir!"

16. Mai

Wo sind die 11 Fehler versteckt?

„Da kam Jesus in die Gegend von Cäsarea Philippus und fragte seine Jünger und sprach: Was sagen die Leute, dass der Menschensohn sei? Sie sprachen: Einige sagen, du seist Johannes der Täufer, andere, du seist Elisa, wieder andere, du seist Jesaja oder einer der Propheten. Er fragte sie: Wer sagt denn ihr, dass ich sei? Da antwortete Simon Petrus und sprach: Du bist Jesus Christus, des lebendigen Gottes Sohn! Und Jesus antwortete und sprach zu ihm: Selig bist du, Simon, Jonathans Sohn; denn Fleisch und Blut haben dir das nicht offenbart, sondern mein Vater im Himmel. Und ich sage dir auch: Du bist Petrus, und auf diesen Felsen will ich meine Gemeinde bauen, und die Pfoten der Hölle sollen sie nicht überwältigen. Ich will dir die Schüssel des Himmelreichs geben: Alles, was du auf Erden binden wirst, soll auch im Himmel verbunden sein, und alles, was du auf Erden erlösen wirst, soll auch im Himmel gelöst sein. Da gebot er seinen Jüngern, allen zu sagen, dass er der Christus sei.“ (Matthäus 16,13-20)

„Wenn wir Jesus als unseren Herrn anerkennen, können wir uns auch zu ihm bekennen!“

Heute gibt es ein „Versrätsel“.
Die fehlenden Wörter in den Bibelversen gilt es heute zu suchen. Wenn man sie zusammensetzt, ergeben sie einen anderen Vers aus der Bibel. Wie heißt er?

„Aber Jesus rief sie zu sich und sprach: Lasset die Kinder zu mir kommen und wehret ihnen nicht, denn solchen gehört das Reich __________. (Lukas 18,16)

„Denn ich halte die __________ des HERRN und bin nicht gottlos wider meinen Gott.“ (Psalm 18,22)

„Denn welche der Geist Gottes treibt, die __________ Gottes Kinder.“ (Römer 8,14)

„Darum sollt ihr __________ sein, wie euer Vater im Himmel vollkommen ist.“ (Matthäus 5,48)

„Immer wieder bekommen wir einen Einblick davon, dass Gott den Überblick hat!“

18. Mai

Heute gibt es eine „Schnipseljagd“.
Der Bibelvers aus Römer 12 will gleich richtig zusammengelegt werden. Wie heißt er genau?

6 „Seid fröhlich

2 geduldig

3 in Hoffnung,

5 im Gebet.“

4 in Trübsal,

1 beharrlich

„Gott findet es herrlich,
wenn wir beharrlich sind!“

19. Mai

Hier kommt ein „Einsatz".
Dabei gilt es, aus dem Bibeltext eine Glaubensaussage zu finden. Die fettgedruckten Wörter dienen als Gedankenanstoß und müssen geordnet werden.

„Und sie kamen nach Jericho. Und als er aus Jericho wegging, er und seine Jünger und eine große Menge, da saß ein blinder **Bettler** am Wege, Bartimäus, der Sohn des Timäus. Und als er hörte, dass es **Jesus** von Nazareth war, fing er an, zu schreien und zu sagen: Jesus, du Sohn Davids, erbarme dich meiner! Und viele fuhren ihn an, er solle stillschweigen. Er aber schrie noch viel mehr: Du Sohn Davids, erbarme dich meiner! Und Jesus blieb stehen und sprach: Ruft ihn her! Und sie riefen den Blinden und sprachen **zu** ihm: Sei getrost, steh auf! Er **ruft** dich! Da warf er seinen Mantel von **sich**, sprang auf und kam zu Jesus. Und Jesus antwortete und sprach zu ihm: Was willst du, dass ich für dich tun soll? Der **Blinde** sprach zu ihm: Rabbuni, dass ich sehend werde. Jesus aber sprach zu ihm: Geh hin, dein Glaube hat dir geholfen. Und sogleich wurde er sehend **und** folgte ihm nach auf dem Wege." (Markus 10,46-52)

„Bartimäus ist ein Blinder mit Durchblick!"

20. Mai

Heute wird „Wortwechsel“ gespielt.
Der Götze „Baal“ ist vorgegeben. Nun muss ein Buchstabe ausgetauscht werden, damit ein neues Wort entsteht. Um den richtigen Pfad zu finden, sind rechts Bibelstellen angegeben, in denen das jeweilige Wort vorkommt.
Übrigens: Am Ende entsteht ein Name für Gott.

BAAL	
______	Markus 14,15
______	2. Samuel 1,17
______	Amos 3,12
______	Johannes 21,12
______	1. Könige 17,14
______	Jesaja 45,5
______	Psalm 111,9
______	Psalm 27,3
______	

„Wir dürfen Gott vergöttern!“

21. Mai

Heute gibt es ein „Felderpuzzle“.
In den Feldern ist ein Bibeltext auseinandergenommen und muss wieder zusammengesetzt werden. Wie heißt er und wo steht er im 6. Kapitel des Matthäusevangeliums?

1 Dein Wille geschehe wie im Himmel so auf Erden.	2 und die Herrlichkeit in Ewigkeit. Amen.	3 Und führe uns nicht in Versuchung,
4 Denn dein ist das Reich	5 Unser Vater im Himmel!	6 Und vergib uns unsere Schuld,
7 sondern erlöse uns von dem Bösen.	8 wie auch wir vergeben unsern Schuldigern.	9 Dein Reich komme.
10 Dein Name werde geheiligt.	11 und die Kraft	12 Unser tägliches Brot gib uns heute.

„Wenn wir ins Gebet gehen, nimmt uns Gott niemals ins Gebet!“

22. Mai

Im heutigen „Zickzack" gilt es, mit einem Kreis zu beginnen, in dem der dritte Buchstabe des Alphabets steht, um dann Zug um Zug den Verbindungslinien zu folgen, damit eine Bitte zu lesen ist, die in der Bibel und im Laufe der Zeit oft gestellt wurde.

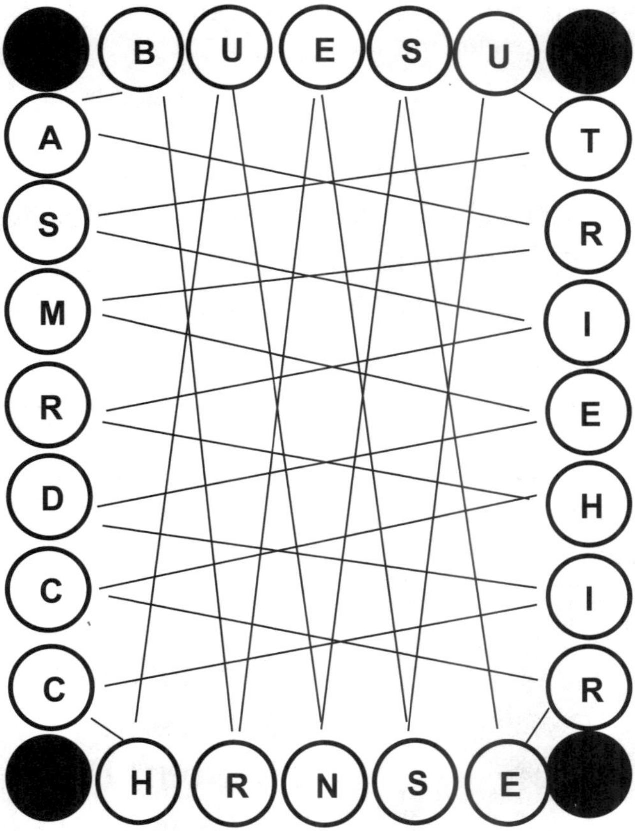

„Jesus, nimm uns an, nimm uns auf!"

23. Mai

Im „Abzählrätsel“ gebe ich nun etwas Persönliches von mir preis, womit ich meinen Gott preisen möchte.
Wer allerdings immer nur das sechste Wort des kurzen Textes liest und beim ersten beginnt, entdeckt einen altbekannten Bibelvers aus dem Buch Hiob, dessen Inhalt ich an dieser Stelle auch bekennen möchte.

Ich glaube fest daran, dass Gott weiß, was gut für mich ist. Dass ich körperlich behindert bin und mein Leben im Rollstuhl verbringe – den Erlöser trotzdem liebe, beweist, dass er lebt!

„Der Erlöser löst meine Fesseln! Das soll alle fesseln!“

24. Mai

Im „Lückenbüßer" wird hier ein Ereignis, ein christlicher Feiertag gesucht, bei dem Folgendes passiert ist:

„Trotz des Aufhebens wurde kein großes Aufhebens um ihn gemacht!"

_ _ _ _ _ _ _ _ _ _ _ _ _

Folgende Buchstaben, die vorkommen, sind diesmal der Menge nach angegeben.

A	E	F	H	I	L	M	R	T
1	1	1	2	1	1	2	1	1

25. Mai

Wo sind die 10 Fehler versteckt?

„Ihr werdet die Macht des Heiligen Geistes empfangen, der in euch kommen wird, und werdet meine Zungen sein in Jerusalem und in ganz Judäa und Samaria und bis an das Ende der Welt. Und als er das gesagt hatte, wurde er zusehends aufgehoben, und eine Wolke nahm ihn vor ihren Augen weg. Und als sie ihm nachschauten, wie er gen Himmel fuhr, siehe, da standen bei ihnen drei Männer in weißen Gewändern. Die sagten: Ihr Männer von Galiläa, was steht ihr hier und seht zum Himmel? Dieser Jesus Christus, der vor euch weg gen Himmel aufgenommen wurde, wird so wiederkommen, wie ihr ihn habt gen Himmel fahren sehen.“ (Apostelgeschichte 1,8-11)

„Jesus ging von uns, weil er für uns ist!“

26. Mai

Herr, Du bist vor vielen Jahren
in den Himmel aufgefahren.
Von dort regierst Du lange schon
neben dem Vater auf dem Thron.

Zuvor hast Du Dich hier ergeben,
machtest unsern Tod zum Leben,
hast unser Dunkel hier erhellt,
als Du kamst in diese Welt.

Von dem Stall bis zu dem Hügel
verschafftest Du uns Sündern Flügel.
Du hast den Himmel uns gebahnt –
und hältst die Welt in Deiner Hand!

Frage:
Wie viele Tage liegen zwischen Ostern und Himmelfahrt?

„Weil Jesus nicht abgehoben war, wurde er aufgehoben!“

27. Mai

Die Zahl 12 hat in der Bibel eine große Bedeutung. Sie steht für die göttliche Regierung oder Verwaltung in der Welt.
In der Bibel gibt es immer wieder Geschichte, in denen die Zahl 12 eine Rolle spielt. Welche Begebenheiten sind den nachstehenden Bibelstellen zuzuordnen?

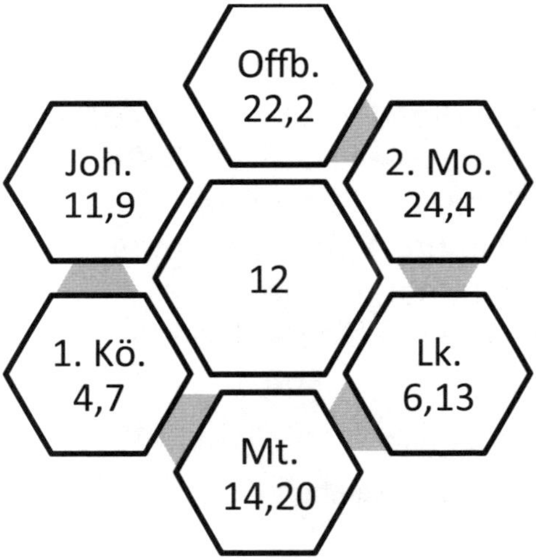

____________, ____________, ____________,

____________, ____________, ____________

„Gott kennt keine Zufälle;
aber er lässt uns eine Menge zufallen!"

„Wenn Jesus geblieben wäre – wer würde uns dann eine himmlische Bleibe zurechtzimmern!?“

Von daher ist es wichtig, im „Satzsalat“ den folgenden Bibelvers aus Johannes 14 richtig umzustellen.

„Wenn's zu Hause nicht viele Stätte sind so wäre, ich dann In euch bereiten?“ hätte Ich meines Vaters Wohnungen. euch gehe hin, die gesagt: zu“

____

____

____

29. Mai

Heute gibt es ein „Zählrätsel".
Dazu sind verschiedene Bibelstellen angegeben, wobei ein bestimmtes Wort daraus abgezählt und verwendet werden soll, damit ein neuer Vers entsteht.

Gesucht wird das **1.** Wort aus Johannes 15,5 __________

Gesucht wird das **2.** Wort aus Lukas 15,18 __________

Gesucht wird das **4.** Wort aus Matthäus 7,7 __________

Gesucht wird das **8.** Wort aus Römer 11,29 __________

Gesucht wird das **1.** Wort aus Galater 4,4 __________

Gesucht wird das **8.** Wort aus Psalm 146,9 __________

Gesucht wird das **7.** Wort aus Johannes 14,18 __________

Gesucht wird das **2.** Wort aus Jesaja 43,11 __________

Gesucht wird das **3.** Wort aus Matthäus 6,10 __________

Gesucht wird das **5.** Wort aus Jeremia 33,15 __________

Gesucht wird das **7.** Wort aus Römer 15,7 __________

***„Jesus ging ohne uns,
aber er ging nicht von uns!"***

30. Mai

Bei diesem „Lückenfüller“ gilt es, die folgenden Begriffe zu sortieren und in den Bibeltext aus Hesekiel 36 einzufügen:

Herz, steinerne, Leute, Geboten,
Rechte, Geist, Fleisch

„Und ich will euch ein neues _________ und einen neuen ________ in euch geben und will das___________ Herz aus eurem _________ wegnehmen und euch ein fleischernes Herz geben. Ich will meinen Geist in euch geben und will solche _________ aus euch machen, die in meinen __________ wandeln und meine _________ halten und danach tun.“

„Gott hat uns sein Gebot aufs Herz gelegt!“

31. Mai

Hier ist ein „Kästchenpuzzle“.
Es wird ein Bibelvers aus Johannes 16 gesucht. Fast alle Wörter sind vorgegeben. Sie müssen nur noch in der richtigen Reihenfolge unten eingetragen werden. Die erwähnten Wörter wollen vorher so umgestellt werden, dass neue Begriffe anderer Bedeutungen entstehen und in den Kontext passen.

dass, denn, der, euch, euch, euch, es, für,
gut, ich, ich, ich, ich, ist, kommt, nicht,
nicht, senden, Tröster, wenn, wenn, will, zu, zu

[„][ ][ ] [ ][ ][ ] [ ][ ][ ] [ ][ ][ ] [ ][ ][ ][ ][,] [ ][ ][ ][ ]

[ ][ ][ ] [G][E][H][W][E][G][E][.] [ ][ ][ ][ ] [ ][ ][ ][ ]

[ ][ ][ ] [ ][ ][ ][ ][ ] [G][E][H][W][E][G][E][,] [ ][ ][ ][ ][ ]

[ ][ ][ ] [ ][ ][ ][ ][ ][ ][ ]

[ ][ ][ ][ ][ ] [ ][ ] [ ][ ][ ][ ][.] [ ][ ][ ][ ] [ ][ ][ ]

[R][A][B][E] [H][E][G][E][,] [ ][ ][ ][ ]

[ ][ ][ ] [H][I][N] [ ][ ] [ ][ ][ ][ ] [ ][ ][ ][ ][ ][ ][“][.]

„Als Jesus ging,
ging er nicht auf Abstand;
er sandte den Beistand!“

1. Juni

Heute kommt „Die Qual der Wahl“.
Es soll der nachfolgende Bibelvers aus Johannes 14 ergänzt werden. Mehrere Möglichkeiten sind vorgegeben. Aber welche stimmen?

„Aber der Tröster, der Heilige Geist, den mein Vater senden wird in meinem Namen, der wird euch …

☐ … begeistern und

☐ … an alles erinnern und

☐ … helfen, Gottes Wort zu halten und

☐ … euch alles lehren, was ich euch gesagt habe.“

***„Der Heilige Geist,
den der himmlische Vater zu uns weist,
weist uns auf Jesus hin!“***

2. Juni

Hier ist wieder ein „Verbindungsrätsel".
Dabei geht es um zwei Bibelverse aus Jesaja 45, die ordentlich durcheinandergebracht worden sind. Beide verbinden die Wörter im Mittelkreis, die in den Außenkreisen mit einsortiert werden wollen. Wie heißen die Bibelstellen richtig?

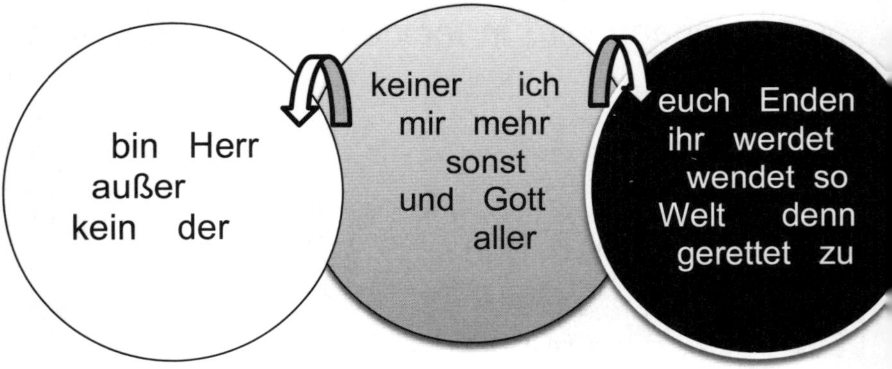

1. ______________________________
____

2. ______________________________
____

„Gott ist der Eine;
er ist einzig und einzigartig!"

3. Juni

„Dreieinigkeit heißt, dass sich die drei Personen – Vater, Sohn und Heiliger Geist – in allem völlig einig sind!"

Jetzt gibt es „Aus eins mach zwei".
Darum gilt es, zwei Bibelstellen auseinanderzunehmen, die das beinhalten. Die eine steht in 2. Korinther 3 und die andere in Johannes 14.

„Wer der Herr sieht, sieht den Geist mich, Der ist der Vater."

1. ______________________________

2. ______________________________

4. Juni

Im heutigen „Mittelworträtsel“ werden wieder Begriffe gesucht, die sowohl am Ende des links stehenden als auch am Anfang des rechts stehenden Wortes übereinstimmen.
Diesmal steht alles unter dem Motto: „Rund um Pfingsten“.

Pfingst	______________________	Heilung
Zungen	______________________	Verbot
Brüder	______________________	Gründung
Sprachen	______________________	Buch
Heiden	______________________	Geschichte
Pfingst	______________________	Abschnitt

„Der Heilige Geist begeistert uns!“

5. Juni

Heute gibt es ein „Flickenpuzzle“.
Der Bibeltext aus Apostelgeschichte 2 soll mithilfe der Zahlen richtig zusammengesetzt werden.

3

Es wohnten aber in Jerusalem Juden, die waren gottesfürchtige Männer aus allen Völkern unter dem Himmel. Als nun dieses Brausen geschah, kam die Menge zusammen und wurde bestürzt; denn ein jeder hörte sie in seiner eigenen Sprache reden. Sie entsetzten sich aber, verwunderten sich und sprachen: Siehe, sind nicht diese alle, die da reden, aus Galiläa? Wie hören wir denn jeder seine eigene Muttersprache?

1

„Und als der Pfingsttag gekommen war, waren sie alle an einem Ort beieinander. Und es geschah plötzlich ein Brausen vom Himmel wie von einem gewaltigen Wind und erfüllte das ganze Haus, in dem sie saßen. Und es erschienen ihnen Zungen, zerteilt wie von Feuer; und er setzte sich auf einen jeden von ihnen, und sie wurden alle erfüllt von dem Heiligen Geist und fingen an zu predigen in andern Sprachen, wie der Geist ihnen gab auszusprechen.

2

Parther und Meder und Elamiter und die wir wohnen in Mesopotamien und Judäa, Kappadozien, Pontus und der Provinz Asien, Phrygien und Pamphylien, Ägypten und der Gegend von Kyrene in Libyen und Einwanderer aus Rom, Juden und Judengenossen, Kreter und Araber: wir hören sie in unsern Sprachen von den großen Taten Gottes reden. Sie entsetzten sich aber alle und wurden ratlos und sprachen einer zu dem andern: Was will das werden? Andere aber hatten ihren Spott und sprachen: Sie sind voll von süßem Wein.“

„Seit Pfingsten ist der Heilige Geist in aller Munde!“

„Der Heilige Geist ist nicht nur Person, sondern er wird auch persönlich!“

Hier ist ein „Fächerrätsel“
Von daher soll heute darüber gerätselt werden, was der Heilige Geist ist und kann. Es gilt, die Kapitel und/oder Verse den jeweiligen Bibelstellen zuzuordnen.

„Aber der Tröster, der heilige Geist ...“ Johannes _ _ ,26

„Wohin soll ich gehen vor deinen Geist …“ Psalm _ _ _, _

Er wird „alles lehren und euch an alles erinnern … was ich euch gesagt habe.“ Johannes 16, _ _

„Und betrübt nicht dem Heiligen Geist …“ Epheser _, _ _

„Es sind verschiedene Gaben; aber es ist ein Geist …“ 1. Korinther _ _,_

Kapitel

139	12	14	4

Verse

30	13	4	7

7. Juni

„Der Heilige Geist sagt nicht wahr; er sagt die Wahrheit!“

Demzufolge wird im „Lückenbüßer“ heute der passende Bibelvers aus dem Johannesevangelium Kapitel 16 dazu gesucht. Die fehlenden Buchstaben sollen ergänzt werden:

„ _ _ _ _ ab_ _ je _ _ _ , _ _ _ _ _ ist

_ er _ _ _ _ heit, _ _ _ _ _ _ _ wir_ , _ _ _ d

_ _ _ uch _ _ all _ Wahr _ _ _ _

_ ei _ _ _.“

8. Juni

Jetzt gilt es im „Lückenfüller", die erste und siebte Strophe des Liedes „O komm, du Geist der Wahrheit" von Phillipp Spitta zu ergänzen:

O komm, du Geist der Wahrheit,
und kehre bei uns ein,
verbreite ________ und __________,
verbanne Trug und Schein.
Gieß aus dein heilig __________,
rühr Herz und Lippen an,
dass jeglicher getreuer
den Herrn bekennen kann.

Du Heilger Geist, bereite
ein Pfingstfest nah und fern;
mit deiner ___________ begleite
das Zeugnis von dem Herrn.
O öffne du die __________
der Welt und uns den _________,
dass wir in Freud und Schmerzen
das Heil ihr machen kund.

***„Der Heilige Geist
kehrt gern bei uns ein,
um bei uns auszukehren!"***

9. Juni

„Der Heilige Geist verherrlicht Jesus, indem er uns deutlich macht, wie herrlich unser Herr ist!“

Darum wird heute beim „Verskreuzwort“ der Bibelvers aus Johannes 16,14 gesucht, der in diese Kästchen passt.

10. Juni

Heute gibt es „Aus zwei mach eins“.
In Reimform sind nachstehend jeweils zwei Begriffe beschrieben, die erraten und hinterher zu einem zusammengesetzten Wort gemacht werden sollen.

1.

„Er ist der Dritte von den Dreien.
Er war von Anfang an dabei.
Der göttliche Anwalt spricht uns frei.
Er tröstet uns und steht uns bei.“

____

2.

„Es gibts im Himmel, in der Welt.
Dort zählt Liebe, hier das Geld.
Man kann so viele Güter haben ...-
man wird es nur durch Gottes Gaben.“

____

Wie heißt nun das zusammengesetzte Wort?

____

„Mit dem Heiligen Geist machen wir geistreiche Entdeckungen!“

11. Juni

Heute gibt es einen „Wortsalat".
Gesucht wird die neunfache Frucht des Heiligen Geistes, die in Galater 5 steht. Sie muss auch in die richtige Reihenfolge gebracht werden:

DREIFE __________

GELDDU __________

BLEIE __________

ÜGTE __________

TEERU __________

MASTFUNT __________

FEEDUR __________

LICHTFRIEDKUNE __________

SUCHTHEIKE __________

1.__________, 2. ______________, 3. ________________,

4. __________, 5. ______________, 6. ________________,

7. __________, 8. ______________, 9. ________________

„Gottes Geist verändert uns, sodass sich andere fragen könnten: Was ist denn nur in den/die gefahren?!"

12. Juni

Nun kommt ein „Zahlenvers“.
Es gilt, aus Zahlen Wörter zu erraten.
Der Bibelvers, der dabei gesucht wird, erklärt Folgendes:

***„Das strikte Nachgehen der Gesetze macht gesetzlich;
das Wandeln im Geist
ist geistlich!“***

- 9 5 4 ________
- 2 6 1 7 11 8 3 2 5 ________
- 8 14 8 5 8 ________
- 3 2 5 4 ________
- 9 5 4 ________
- 12 5 13 11 8 ________
- 10 3 1 7 8 ________
- 15 5 2 5 16 9 13 12 ________

	B		D	E		H	I			N	Ö			T	U
3	2	1	9	5	12	7	13	15	10	16	14	4	11	8	6

13. Juni

Hier ist ein „Versrätsel".
Die fehlenden Wörter in den Bibelversen gilt es heute wieder zu suchen. Zusammengesetzt ergeben sie einen anderen Vers aus der Bibel. Wie heißt er?

„Da sprach der HERR zu Kain:_______ ist dein Bruder Abel?" (1. Mose 4,9)

„Eine linde Zunge ist ein Baum des Lebens; _________eine lügenhafte bringt Herzeleid." (Sprüche 15,4)

„Jesus aber sprach zu ihm: … alle Dinge sind möglich dem, __________ da glaubt." (Markus 9,23)

„Es sind verschiedene Gaben; aber es ist ein __________."
(1. Korinther 12,4)

„Meine Seele soll sich rühmen _________ HERRN, dass es die Elenden hören und sich freuen." (Psalm 34,3)

„Kommt, wir wollen wieder zum ___________; denn er hat uns zerrissen, er wird uns auch heilen …" (Hosea 6,1)

„Seid barmherzig, wie auch euer Vater barmherzig ______."
(Lukas 6,36)

„________ sprach Jesus wieder: Wahrlich, wahrlich, ich sage euch: Ich bin die Tür zu den Schafen." (Johannes 10,7)

„Denn er ________ unser Friede …" (Epheser 2,14)

„Zur ____________ hat uns Christus befreit …" (Galater 5,1)

„Gottes Geist engt uns niemals ein!"

14. Juni

Im heutigen „Formenpuzzle" wird ein Zitat von Johannes dem Täufer gesucht. Die Formen sind so zu sortieren, dass der Inhalt den gewünschten Sinn ergibt.
Dieser Spruch drückt – mit anderen Worten – aus:

„Wir dürfen darum ringen, dass Jesus den Vorrang hat – und nicht wir!"

4 aber		3 muss
5 abneh- men	1 muss	6 ich
2 Er		7 wachsen

15. Juni

Irgendwie war er schon ein komischer Zeitgenosse. Er lebte in der Wüste, trug ein Gewand aus Kamelhaaren, aß Heuschrecken und wilden Honig. Vorwiegend erwähnte er „einen, der nach ihm kommt und viel stärker ist als er". Nicht einmal für würdig hielt er sich, dass er sich vor ihm bückte und „ihm die Riemen von den Schuhen öffnete".
Immer wieder sprach er zu den Menschen. Er predigte, dass sie rechtschaffene Früchte der Buße bringen sollten, und wenn er so richtig in Fahrt war, nannte er sein Gegenüber auch schon: „Schlangenbrut" und „Otterngezücht".
Einmal machte er König Herodes auf einen Fehler aufmerksam, den er schon eine Weile beging. Aber das gefiel dem nicht, sodass er diesen Besserwisser ins Gefängnis warf. Einige Zeit verbrachte er dort, wodurch er in seinen Zweifeln und Fragen gefangen war. Durch ein paar Freunde wollte er von Jesus wissen: „Bist du es, der da kommen soll, oder sollen wir auf einen anderen warten?" Er bekam zwar durch die Antwort neuen Mut, aber letztendlich wurde sein Kopf der Herodias auf einem silbernen Tablett serviert.

Frage:
Wie schätzt Jesus diesen beschriebenen Johannes den Täufer in Lukas 7,28 ein? Was sagt er über ihn?

„Wir können alle hin und wieder auf Jesus weise hinweisen!"

16. Juni

Heute gibt es ein „Zuordnungsrätsel".
Es geht um Aussprüche, die viele Menschen oft verwenden, ohne zu wissen, dass sie in der Bibel stehen. Aber wo? Es gilt, die Kapitel und Verse den jeweiligen Bibelstellen zuzuordnen.

„Nach mir die Sintflut..." - 1. Mose ________

„Der Glaube versetzt Berge…" - Lukas ________

„Perlen vor die Säue werfen…" - Matthäus ________

„Wer andern eine Grube gräbt…" - Sprüche ________

„Das A und das O sein…" - Offenbarung ________

7,6	26,27	17,5-6	1,8	7,1-24

„Manchmal fällt es einem wie Schuppen von den Augen, dass die Bibel oft zitiert wird!"

17. Juni

Beim „Hoppla hopp“ ist von Feld zu Feld zu springen - wie mit einem Springer beim Schach. Das Pferd springt gerade-schräg beziehungsweise schräg-gerade auf das übernächste Feld, um die folgende Position zu erreichen. Begonnen wird mit dem Feld, wo ein Stern zu finden ist, um einen Bibelvers aus Jesaja 51 zu suchen, der Folgendes meint:

„In der Flucht zu Gott verschwindet die Furcht vor Menschen!“

TER	DU	HAST	MEN	*ICH
TET	VOR	WER	DENN	DIE
BIST	TRÖS	BEN	ICH	SCHEN
DICH	FÜRCH	EU	DOCH	DASS
ER	STER	DU	GE	BIN

____

____

____

18. Juni

Heute gibt es das „Würfelrätsel“.
Hier sind die Fragen und jeweils zwei Antwortmöglichkeiten, hinter denen ein Buchstabe steht, vorgegeben. Bei richtiger Lösung ergeben diese – durcheinandergewürfelt – eine Fähigkeit Jesu.

Wer sah die Himmelsleiter?
a) Jakobus ….. L b) Jakob ….. T

Wer war ein Prophet?
a) Nathan ….. C b) Nathanael ….. J

Wer war unter den Jüngern Jesu?
a) Salomo ….. S b) Salome ….. H

Wer war König?
a) Saulus ….. E b) Saul ….. A

Wer wohnte – laut Bibel – in „Moreschet“?
a) Michael ….. U b) Micha ….. M

Wer litt unter Lepra?
a) Naaman ….. A b) Naama ….. S

Wer war der beste Freund von David?
a) Jonathan ….. L b) Jona ….. V

Wer führte das Volk Israel in das gelobte Land?
a) Josia ….. E b) Josua ….. L

„Christi Allmacht
macht alle Christen stark!“

19. Juni

„Lückenbüßer“: Was steht heute Mittag auf dem Speiseplan?

Kleiner Tipp: Dieses Essen gab es schon zur Zeit, als Jakob und Esau lebten!

_ _ _ _ E N G E _ _ _ _ _ !

Die folgenden Buchstaben sind der Menge nach vorhanden:

C	E	G	H	I	L	N	R	S	T
1	2	1	1	2	1	2	1	1	1

„Menschen können einander kräftig die Suppe versalzen!“

20. Juni

Im heutigen „Silbenrätsel" werden zehn Gebiete gesucht, wo Jesus im Laufe seines Erdenlebens war.

Be – Be – Beth – bor – da – dan – en –
ga – Ge – Gol – hem – Je – Jor –
Ka – Ka – le – lem – na – na – ne – ni –
per – reth – ru – sa – Ta – ta – tes - tha – um – za

__________, __________, __________,

_______, _______, _______, _______,

__________, __________, __________

„Einst war Jesus überall einmal gegenwärtig; einmalig, dass er jetzt allgegenwärtig ist!"

21. Juni

Hier kommt ein „Mottorätsel“.
Heute werden einige Begriffe mit „G“ gesucht, die etwas mit dem Leben als Christ zu tun haben. Bei richtiger Lösung ergeben die dritten Buchstaben der einzelnen Wörter von oben nach unten gelesen den Namen einer Frau, die Petrus in Apostelgeschichte 9 vom Tod auferweckt.

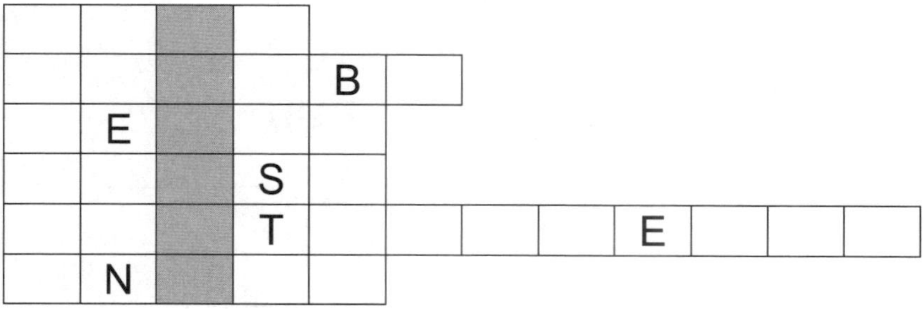

„Gott zu glauben und zu gehorchen, macht grundlegend und glaubhaft glücklich!“

22. Juni

Jetzt gibt es eine „Buchstabensuppe“.
Heute wird die Antwort gesucht, die Petrus seinem Herrn Jesus gab, als dieser ihn und die anderen Jünger in Matthäus 16 fragte, wer er wohl sei. Die Buchstaben sind alle vorgegeben und alphabetisch geordnet. Sie müssen nur noch auf den Linien sortiert werden.

BB C DDD EEEEE GG
HH III NNN OO L
R SSSSSS TTTT UU

„_ _   _ _ _ _   _ _ _ _ _ _ _ _,

_ _ _   _ _ _ _ _ _ _ _ _ _   _ _ _ _ _ _

_ _ _ _!“

„So manche Erkenntnis führt zum Bekenntnis!“

23. Juni

Im heutigen „Silbenrätsel“ sind drei Zitate von Martin Luther zu ergänzen.

„Wer _______ tun will, muß es _______________ tun.“

„Der ___________bringt den____________ zu Gott, die________ bringt ihn zu den Menschen.“

„Das Reich _______ besteht aus _________, die da _______, und aus solchen, die da getragen _______.“

„Es gilt nicht, beliebig zu lieben; es gilt, ausgiebig zu geben und glaubhaft zu glauben!“

GLAU	MEN	VER	CHRIS	SOL
TRA	LIE	WER	BE	TES
DEN	GU	RISCH	CHEN	BE
SCHWEN	TI	GEN	DE	SCHEN

Achtunddreißig Jahre lang
ist der Mann schon furchtbar krank.
Hoffnungslos liegt er am Teich,
träumt lediglich vom Himmelreich.
Doch dann tritt Jesus vor ihn hin.
„Willst du heil sein?“, fragt er ihn.
Er weicht nur aus. „Ich bin allein!
Komm nie zuerst ins Wasser rein!“
Und doch hat Jesus mit dem Lahmen
viel Mitleid und auch viel Erbarmen.
Er stellt ihn aufrecht wieder hin
und schenkt ihm einen Neubeginn.
Nicht nur die Matte soll er tragen;
auch das Leben in allen Lagen.
Denn nun steht er auf beiden Beinen
kann Würde und Bürde nicht verneinen!

Frage zu Johannes 5:
An welchem Tag hat Jesus den Mann geheilt? Was erlaubten ihm deshalb die Juden nicht?

„Veränderungen sind niemals kostenlos, aber auch niemals umsonst!“

25. Juni

Heute wird „Wortwechsel" gespielt.
Das Tier „Rabe" ist vorgegeben. Nun muss ein Buchstabe ausgetauscht werden, damit ein neues Wort entsteht. Um den richtigen Pfad zu finden, sind rechts Bibelstellen angegeben, in denen das jeweilige Wort vorkommt.
Übrigens: Am Ende entsteht wieder ein Tier.

R A B E

________	Johannes 15,4
________	2. Korinther 7,10
________	Matthäus 9,17
________	Lukas 17,17
________	Matthäus 5,37
________	Johannes 2,9
________	Jeremia 28,9
________	Matthäus 25,38
________	Daniel 5,5
________	2. Mose 33,22
________	

„Wenn wir uns miteinander auseinandersetzen, müssen wir uns nicht auseinander setzen!"

26. Juni

In diesem „Pyramidenrätsel“ werden stufenweise neue Buchstaben hinzugefügt und umgestellt, sodass auf diese Weise immer wieder andere Wörter entstehen. Die Fragen zu den Bibeltexten helfen dabei, die Begriffe zu finden.

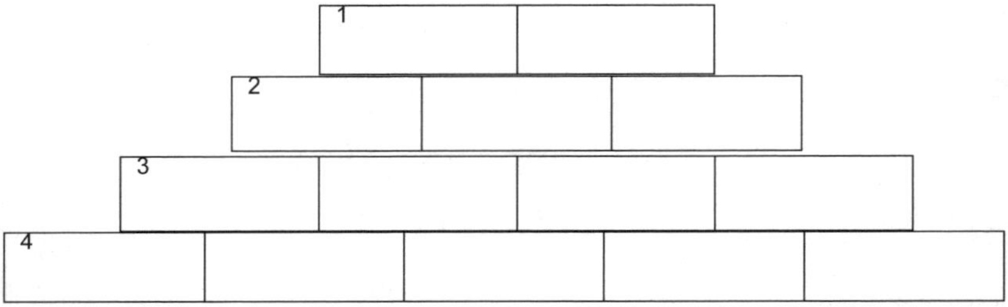

1 Wie hieß der Ort, aus dem Abra(ha)m gehen sollte?
2 Wer war die Schwiegertochter von Noomi?
3 Wenn ich mutig bin, dann … ich mir etwas zu!
4 In Offenbarung 22,17 steht: „Der Geist und die … sprechen: Komm!“

„Die Bibel ist
für Leute von heute und nicht
für Schwestern von gestern!“

27. Juni

Heute kommt ein „Verwandlungsrätsel“.
Es soll aus jedem der folgenden Wörter ein Buchstabe gestrichen werden, sodass die übrig gebliebenen Wortteile einen Bibelvers aus Hebräer 13 ergeben.

„SICH WILLI DEICH
NICHTE VERBLASSEN
HUND NICHTS VORN DIRK WEILCHEN.“

„Gottes Zusagen werden uns zusagen!“

Im heutigen „Schüttelrätsel" gilt es, die vorgegebenen Verben so umzustellen, dass neue Begriffe anderer Bedeutungen entstehen. Die neuen Wörter müssen nicht unbedingt Verben sein, kommen aber alle in der Bibel vor.

B	L	A	S	E	N
E	B	N	E	T	
S	P	U	R	T	E
L	E	G	E	N	
F	A	H	R	E	N
T	O	B	E	N	
F	E	I	E	R	N
E	R	B	E	N	
L	E	I	H	E	N

„Wenn wir aus uns herauskommen,
und etwas für Gott tun,
soll er dabei groß herauskommen!"

29. Juni

Im heutigen „Füllrätsel“ sollen die folgenden Wörter in die vorgegeben Kästchen eingetragen werden, die in die Geschichte aus Johannes 2 gehören:

Leer, Wein, Durst, Glück, Jesus, Krüge, Feiern,
Freude, Mutter, Trauen, Wasser, Dienern,
Hochzeit, Bestimmen, Brautpaar, Gehorchen

„Jesus hat nicht nur Wasser, sondern auch Wein gepredigt und getrunken!“

30. Juni

Die heutige „Buchstabenkiste“ enthält ein Kuddelmuddel. Es gilt, einfach die Zahlenpaare mit einer geraden Linie zu verbinden, damit alle Buchstaben, die nicht ausgestrichen sind, einen Bibelvers aus Psalm 36 ergeben.

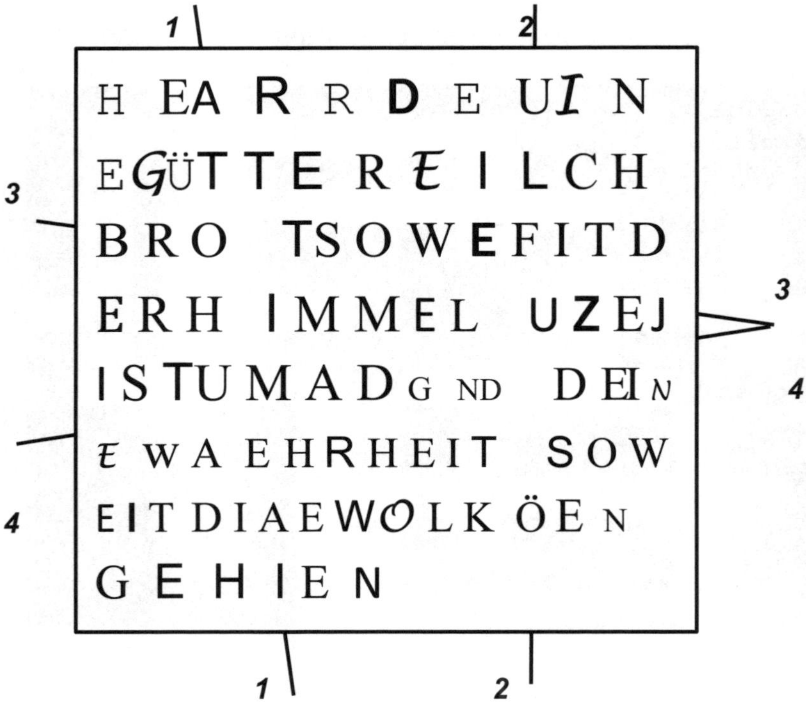

„Gottes Güte ist unendlich und endlich kennen wir Gottes Wahrheit. Das ist wahrhaftig gut.“

1. Juli

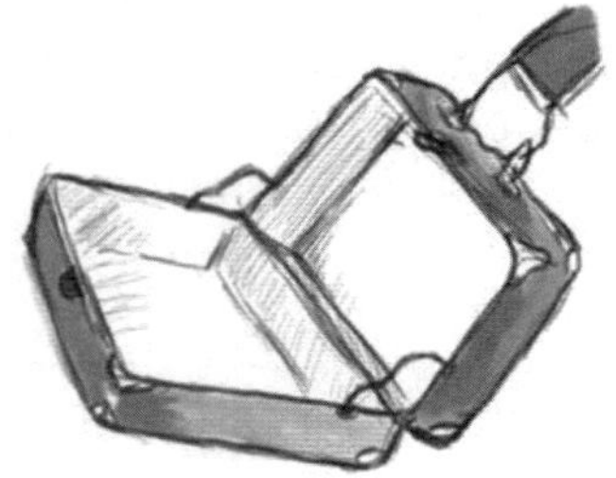

Neulich waren meine Freunde im Urlaub. Sie schwärmten von der Insel, die übersetzt auch „Roseninsel“ genannt wird, obwohl man dort eher pinkfarbenen Hibiskus vorfindet. Diese Insel hat viel Gebirge. Der höchste Berg ist über 1200 Meter hoch und liegt an der Küste von Kleinasien. Die Türkei ist nur 18 Kilometer weit von der Insel entfernt. Ungefähr 200 vor Christus entstand dort eine 30 m hohe Statue von Helios. Man munkelt, dass sie am Hafen zu finden war und dass die Handelsschiffe durch die gespreizten Beine hindurchfahren konnten. Die Insel – so erzählten mir meine Freunde weiter – wurde nacheinander von den Römern, Vinizianern und Türken erobert. Sie wurde auch von berühmten Persönlichkeiten besucht. Der große Apostel Paulus tauchte in seiner 3. Missionsreise zuerst auf der Insel Kos und dann hier auf. Leider haben mir meine Freunde aber nicht erzählt, wie diese Insel heißt.

Von daher gilt es herauszufinden, von welchem schönen Fleckchen Erde heute die Rede ist.

„Selbst auf dem Eiland ist der Heiland!“

2. Juli

Im heutigen „Mittelworträtsel“ werden wieder Begriffe gesucht, die sowohl am Ende des links stehenden als auch am Anfang des rechts stehenden Wortes übereinstimmen.
Diesmal steht alles unter dem Motto: „Gottesdienst“.

Frei	____________________	Glocken
Berg	____________________	Text
Gemeinde	____________________	Kreis
Luther	____________________	Stunde
Lob	____________________	Buch
Gottes	____________________	Lied

„Die Versammlung ist der Ort, wo wir uns sammeln können!“

3. Juli

Hier ist ein „Versrätsel".
Die fehlenden Wörter in den Bibelversen gilt es heute wieder zu suchen. Wenn man sie zusammensetzt, ergeben sie einen anderen Vers aus der Bibel. Wie heißt er und wo steht er?

„__________ den HERRN, solange er zu finden ist; ruft ihn an, solange er nahe ist." (Jesaja 55,6)

„Denn mein Volk tut eine zwiefache Sünde: ________, die lebendige Quelle, verlassen sie und machen sich Zisternen, die doch rissig sind und kein Wasser geben." (Jeremia 2,13)

„Denn ________ hoch der Himmel über der Erde ist, lässt er seine Gnade walten über denen, die ihn fürchten." (Psalm 103,11)

„Wenn ihr nicht umkehrt und ________ wie die Kinder, so werdet ihr nicht ins Himmelreich kommen." (Matthäus 18,3)

„Euch aber, die ______________ meinen Namen fürchtet, soll aufgehen die Sonne der Gerechtigkeit und Heil unter ihren Flügeln." (Maleachi 3,20)

„Mein Angesicht kannst du nicht sehen; denn kein Mensch wird ___________, der mich sieht." (2. Mose 33,20)

„Gott finden bringt Leben!"

4. Juli

Nun ist ein „Verwandlungsrätsel“ dran.
In den folgenden Wörtern ist jeweils der erste Buchstabe gegen einen anderen auszutauschen, sodass Wörter neuer Bedeutungen entstehen. Bei richtiger Lösung ergibt der Satz eine Empfehlung Jesu an uns aus Matthäus 7.

„OLLES TUN,
GAS OHR ROLLT,
FASS SUCH NIE MEUTE NUN ZOLLEN,
RAS MUT AHNEN TUCH.“

___

___

___

___

„Es gilt nicht mehr
‚wie du mir, so ich dir‘;
sondern
‚wie Gott mir, so ich allen!‘“

5. Juli

Heute kommt ein „Mottorätsel“.
Es werden einige Begriffe mit „G“ gesucht, die etwas mit dem Frieden zu tun haben, den Gott uns schenkt. Bei richtiger Lösung ergeben die dritten Buchstaben der einzelnen Wörter von oben nach unten gelesen eine Handlung, die Gott ehrt.

			A	S	S								
	R	O	S	S									
					G	E	N						
									I	C	H		
	U	N	S										

„Wenn wir seinem Frieden trauen, sind wir zufrieden!“

6. Juli

Nun gibt es einen „Zahlenvers".
Dabei gilt es, aus Zahlen Wörter zu erraten.
Der Bibelvers, der dabei gesucht wird, drückt Folgendes aus:

„Wenn wir uns zu Gott bekennen, bekennen wir ihn auch!"

- 9 3 8 ________
- 7 12 1 21 2 5 ________
- 4 1 18 21 13 ________
- 18 5 4 5 ________
- 9 3 8 ________

A	B	C	D	E	G	H	I	L	M	R	U
1				5		8	9		13	18	

7. Juli

Im heutigen „Silbenrätsel“ werden neun Begriffe aus der Natur gesucht, die in der Bibel erwähnt werden:

Äh – Bee – ben – ben – de – Dis –
Fei – fer – gen – Kie – korn – Re – ren –
ren – teln – trau – Senf – Wei – Wein

________________, ________________, ______________,

________________, ________________, ______________,

________________, ________________, ______________

***„Von der Ähre bis zur Beere –
Gott hat alles gut gemacht!“***

8. Juli

Nun kommt ein „Mittelsilbenrätsel“.
Aus den nachstehenden Silben können Namen von Personen aus der Bibel gebildet werden. Die nicht angegebenen Mittelsilben ergeben die Abkürzung für die „Missionarischen Aktionen in Südamerika“.

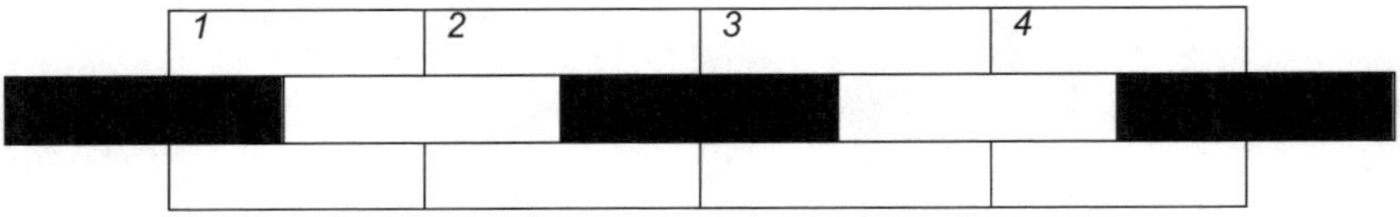

AK – DA – EL – I – JA – JE – IS – RIS

1 Wie heißt der Bruder von Isaak aus 1. Mose?
2 Von welcher Frau wird in Apostelgeschichte 17,34 berichtet?
3 Einer der großen Propheten aus dem Alten Testament.
4 Einer der Söhne Abrahams.

***„In der Bibel
haben Namen Bedeutungen.
Eltern nahmen Namen,
um etwas deutlich zu machen!“***

9. Juli

Heute gibt es wieder ein „Vorsetzrätsel“.
Folgendes ist dabei zu tun:

Den Wörtern

gültig, gläubig, frei, scharf, treu,
artig, gierig, Mut, Sinn, Reich, Dauer,
Freundschaft, Sucht, Los

sind die passenden Begriffe

sanft, froh, Ruhm, Bibel, aus, Gast, Eifer, Neid
Angst, ultra, eigen, neu, gleich, leicht

voranzusetzen, sodass neue Wörter entstehen. Die Anfangsbuchstaben ergeben – hintereinander gelesen – einen Begriff, der beschreibt, was vor allem Christen manchmal quält.

____

____

____

„‚Ich bin, der ich bin!‘
Das hat nicht nur Gott offenbart,
offenbar dürfen wir das
als seine Nachfolger auch!“

10. Juli

Hier ist „Nimm drei“ an der Reihe.
Heute gilt es, die folgenden drei Bibelverse zu ergänzen – mit jeweils einem Wort, das aus den Buchstaben „I N E W G E“ besteht.

„Das ___________, das ein Gerechter hat, ist besser als der Überfluss vieler Gottloser.“ (Psalm 37,16)

„Denn seine Briefe, sagen sie, __________ schwer und sind stark; aber wenn er selbst anwesend ist, ist er schwach und seine Rede kläglich.“ (2. Korinther 10,10)

„Zuflucht ist bei dem alten Gott und unter den _____________ Armen.“ (5. Mose 33,27)

„Güter
sind nicht unbedingt die Höchstformen der Güte Gottes!“

11. Juli

Welche Eigenschaften Jesu verbergen sich hinter diesem „Wortsalat"?

BARHEZMIRG	____________________
RAUENDOPFF	____________________
LOLLIVEEB	____________________
GERTHEC	____________________
RUTE	____________________
GIDÄNG	____________________
DUGGLIED	____________________
FINDELURCH	____________________
TÜGIG	____________________
DILIFRECH	____________________
WIESE	____________________

***„Jesu einfache Art
ist einfach großartig!"***

12. Juli

Hinter dem heutigen „Schwedenrätsel“ stecken 14 Wörter. Sie können in jede Richtung laufen – vorwärts, diagonal, rückwärts, vertikal. Die Buchstaben, die sich hinter den Sternchen verbergen, ergeben der Reihe nach das Hauptwort des Bibelverses aus Psalm 113. Wie heißt er?

HERRN, AUFGANG, DES, SEI, IHREM, SONNE, BIS, VOM, ZU, DER, DER, NIEDERGANG, GELOBET, NAME

G	N	A	G	R	☆	D	E	I	N
B	A	Z	V	F	G	N	A	M	E
D	K	U	L	B	I	S	H	S	V
Z	E	J	F	A	S	U	L	O	D
I	K	R	N	G	B	E	M	N	E
☆	E	R	R	N	A	M	I	N	S
I	H	☆	E	M	K	N	D	E	R
R	T	E	B	O	L	☆	G	W	U

„Solange die Sonne uns beehrt,
gehört es sich,
dass man Gott verehrt!“

13. Juli

Im heutigen „Zickzack“ gilt es, mit einem Kreis zu beginnen, in dem der siebte Buchstabe des Alphabets steht, um dann Zug um Zug den Verbindungslinien zu folgen, damit ein Bibelvers aus Apostelgeschichte 20 entsteht.

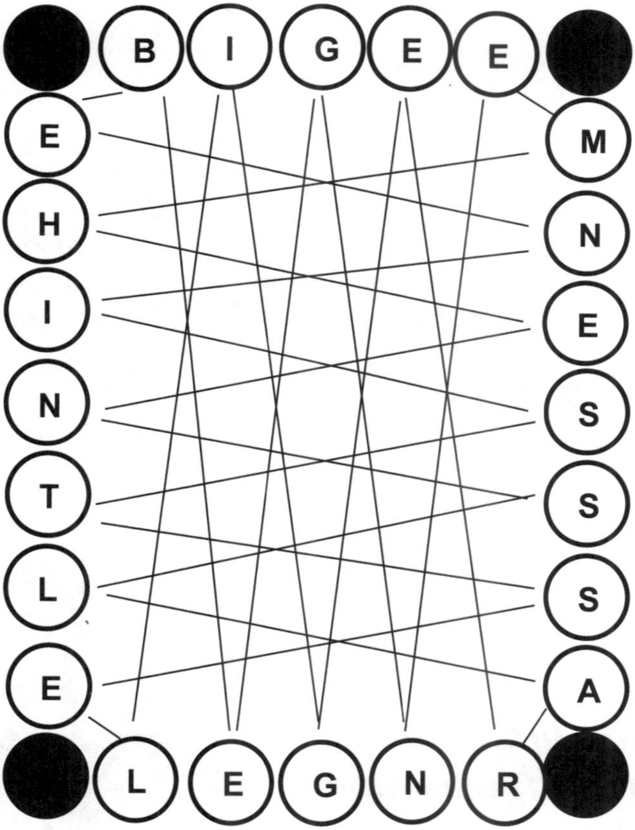

„Sammeln können wir uns schenken!“

14. Juli

Heute gibt es wieder ein „Felderpuzzle".
In den folgenden Feldern ist ein Bibeltext auseinandergenommen und muss wieder zusammengesetzt werden. Wie heißt er?

1 Sohn gesandt hat in die Welt,	2 geliebt haben, sondern dass	3 söhnung für unsre Sünden."
4 sollen. Darin besteht die	5 gesandt seinen Sohn zur Ver-	6 Gott seinen eingebornen
7 „Darin ist erschienen die	8 er uns geliebt hat und	9 1. Johannes 4, 9-10
10 Liebe Gottes unter uns, dass	11 Liebe: nicht dass wir Gott	12 damit wir durch ihn leben

„Jesus
ist uns nicht nur
entgegengekommen;
er ist auch
entgegenkommend!"

15. Juli

Nun herrscht „Tohuwabohu“.
Welche Verse aus dem nachfolgenden Bibeltext des 1. Korintherbriefes 1,26-29 sind verdreht?

26 „Seht doch, liebe Brüder, auf eure Berufung.
Nicht viele Weise nach dem Fleisch, nicht viele
Mächtige, nicht viele Angesehene sind berufen.
27 Sondern was töricht ist vor der Welt, das hat
Gott erwählt, damit er die Weisen zuschanden
mache; und das Geringe vor der Welt und das
Verachtete hat Gott erwählt, 28 und was
schwach ist vor der Welt, das hat Gott erwählt,
damit er zuschanden mache, was stark ist; das,
was nichts ist, damit er zunichte mache, was
etwas ist, 29 damit sich kein Mensch vor Gott
rühme.“

***„Wen er wählt,
der ist erwählt!“***

16. Juli

Heute wird im „Lückenbüßer“ eine Bitte des Apostels Paulus aus 2. Korinter 5 gesucht, die Folgendes deutlich macht:

„Wir dürfen uns auf Gott einlassen, weil wir uns auf ihn verlassen können!“

_ A S _ _   _ _ _ _   _ E R _ _ _ _ _ _

_ _ T   _ O _ _ !

Die folgenden Buchstaben sind heute ein- oder mehrmals vorhanden:

A	C	E	G	H	I	L	M	N	O	Ö	R	S	T	U	V

17. Juli

Heute gibt es eine „Schnipseljagd". Der Bibelvers aus Römer 12 will gleich richtig zusammengelegt werden. Wie heißt er genau?

6 für uns gestorben ist,

3 „Gott aber erweist

2 uns darin,

4 seine Liebe zu

1 als, wir noch Sünder waren."

5 dass Christus

„Gott hat uns schon in die Arme genommen, bevor wir erkannten, dass wir Arme sind!"

18. Juli

Wo sind die 13 Fehler versteckt?

„HERR, du erforschest mich und kennest mich. Ich sitze oder stehe, so weißt du es; du verstehst meine Gedanken von ferne. Ich stehe oder liege, so bist du um mich herum und siehst alle meine Wege. Denn siehe, es ist kein Wort auf meiner Lippe, das du, HERR, nicht schon wüsstest. Von allen Seiten umgibst du mich und hältst deine Hand über mir. Diese Erkenntnis ist mir zu wunderschön und zu hoch, ich kann sie nicht begreifen. Wohin soll ich gehen vor deinem Geist, und wohin soll ich fliehen vor deinem Gesicht? Führe ich gen Himmel, so bist du da; bettete ich mich bei den Toten, siehe, so bist du auch da. Nähme ich Flügel der Morgenröte und bliebe am äußersten Meer, so würde auch dort deine Hand mich fassen und deine Rechte mich halten. Spräche ich: Finsternis möge mich decken und Nacht statt Licht um mich sein -, so wäre auch Finsternis nicht finster bei dir, und die Nacht leuchtete wie der Tag. Finsternis ist wie das Licht. Denn du hast meine Augen bereitet und hast mich gemacht im Mutterleibe. Ich danke dir dafür, dass ich wunderbar gemacht bin; wunderbar sind deine Geschöpfe; das erkennt meine Seele. Es war dir mein Körper nicht verborgen, als ich im Verborgenen gemacht wurde, als ich gebildet wurde unten in der Grube. Deine Augen sahen mich, als ich noch nicht bereitet war, und alle Tage waren in dein Buch geschrieben, die noch kommen sollten und von denen keiner da war.“ (Psalm 139,1-16)

„Mein Schöpfer, deine Gegenwart finde ich gerade in der Gegenwart!“

19. Juli

Im heutigen „Silbenkreuzworträtsel“ sind die fettgedruckten Wörter aus der nacherzählten Geschichte von Nikodemus zu ergänzen.

NEU						
					RER	
			KUNFT			
	WAS				NI	
DUN						
					DE	
		LICH				

Nikodemus war **neugierig**, als er im **Dunkeln** zum **Lehrer** Israels kam. Weil er Fragen aufgrund der **Zukunft** hatte, wollte er sich bei ihm **Auskunft** holen. Aber jener meinte sofort: „Du brauchst eine **Neugeburt**!“ **Einige** Zweifel entstanden. „Muss ich klein oder ein **Anderer** werden?“ Jesus antwortete: „Wiedergeboren ist, wer durch **Wasser** getauft wird und **geistlich** lebt.“ Der **Zuhörer** fragte nach: „Wie kann das geschehen?“ Daraufhin stellte ihm Jesus die **Frage**: „Du bist so **außergewöhnlich** klug und hast das nicht **gewusst**? Du musst mir nur deinen Glauben schenken und lernen, die Welt mit meinen Augen zu sehen!“

„Mit Gott verbunden fühlt man sich nicht nur wie neugeboren; man ist neugeboren!“

20. Juli

Heute gibt es wieder ein „Zählrätsel".
Dazu sind verschiedene Bibelstellen angegeben, wobei ein bestimmtes Wort daraus abgezählt und verwendet werden soll, damit ein neuer Vers entsteht.

Gesucht wird das **5.** Wort aus 2. Mose 34,11 ________

Gesucht wird das **1.** Wort aus 1. Samuel 1,4 ________

Gesucht wird das **2.** Wort aus 2. Chronik 7,19 ________

Gesucht wird das **15.** Wort aus 2. Petrus 2,8 ________

Gesucht wird das **17.** Wort aus 5. Mose 13,5 ________

Gesucht wird das **7.** Wort aus Psalm 5,4 ________

Gesucht wird das **12.** Wort aus Matthäus 18,3 ________

Gesucht wird das **21.** Wort aus Johannes 3,3 ________

Gesucht wird das **1.** Wort aus Psalm 95,8 ________

Gesucht wird das **19.** Wort aus Hesekiel 33,25 ________

Gesucht wird das **4.** Wort aus Jesaja 35,4 ________

Gesucht wird das **9.** Wort aus Markus 10,9 ________

***„Wenn wir Gottes Stimme hören,
können wir auch gleich auf sie hören!"***

21. Juli

Heute ist ein „Kästchenpuzzle“ dran.
Es wird ein Bibelvers aus 2. Korinter 5 gesucht. Die Wörter sind vorgegeben. Sie müssen nur noch in der richtigen Reihenfolge unten eingetragen werden.

Siehe, jemand, ist, so, in, eine, Kreatur, ist,
Christus, das, Neues, Alte, geworden,
ist, vergangen, er, neue, ist

„□□□ JE□□□□ □□ □□□IST□□,

□□ □□□ □□ □IN□ □□□□ □□□□-

□□□; □□□ □□□□ □□□ □ER□□□-

□EN, □□□□□, □□□ES □□□ □□-

□ORDEN.“

***„Durch die Bekehrung
wird der Mensch
ein neuer Mensch!“***

22. Juli

Hier ist ein „Lückenfüller“.
Welche Hauptwörter fehlen hier?

„Aber Gott, der reich ist an ________________, hat in seiner großen _________, mit der er uns geliebt hat, auch uns, die wir tot waren in den _________, mit Christus lebendig gemacht – aus _________ seid ihr selig geworden –; und er hat uns mit auferweckt und mit eingesetzt im Himmel in Christus Jesus, damit er in den kommenden Zeiten erzeige den überschwänglichen ____________ seiner Gnade durch seine _________ gegen uns in Christus Jesus. Denn aus Gnade seid ihr selig geworden durch _____________, und das nicht aus euch: Gottes _________ ist es, nicht aus _________, damit sich nicht jemand rühme.“ (Epheser 2,4-9)

„Weil wir von Natur aus unter dem Pantoffel Satans stehen und somit der Tod auf Latschen sind, will Gott, dass wir wieder in die Puschen kommen!“

23. Juli

Hier kommt ein „Würfelrätsel“.
Heute sind die Fragen und jeweils zwei Antwortmöglichkeiten, hinter denen ein Buchstabe steht, vorgegeben. Bei richtiger Lösung ergeben diese – durcheinandergewürfelt – eine Bezeichnung für den Christen.

Was ist Sünde – wirklich?

a) Fehlverhalten ... A   b) Zielverfehlung ... N

a) Trennung von Gott ... D   b) Leben in der Welt ... H

Was ist Heilig-Sein – wirklich?

a) Wunder tun ...T   b) aus Gnade leben ... I

a) tadellos wandeln ... S   b) zu Gott gehören ... K

„In Christus sind wir keine Sünder, die manchmal heilig sind, sondern Heilige, die manchmal sündigen!“

24. Juli

In der Bibel wird beschrieben, wer wir Christen nach der Wiedergeburt sind. Heute gilt es, einigen Bezeichnungen die jeweilige Bibelstelle zuzuordnen.

Ich bin:

…ein Heiliger	Philipper 1,_
…ein Kind Gottes	Johannes _,12
…Christi Freund	Johannes 15,_ _
…ein Diener der Gerechtigkeit	Römer _,18
…ein Miterbe Christi	Römer 8,_ _
...ein Glied am Leib Christi	Epheser _,30
…ein Bürger des Himmels	Epheser 2,_
…ein Auserwählter Gottes	Kolosser _,12
…nicht der große „Ich bin“,	2. Mose 3,_ _
doch durch Gottes Gnade	
bin ich, was ich bin	1. Korinther _ _,10

Kapitel

15	3	6	1	5

Verse

14	17	15	6	1

„Wenn wir uns als Christen wie der erste Mensch verhalten, können wir uns vor Augen halten, wer wir sind!“

25. Juli

Beim „Hoppla hopp" ist von Feld zu Feld zu springen – wie mit einem Springer beim Schach. Das Pferd springt gerade-schräg beziehungsweise schräg-gerade auf das übernächste Feld, um die nachfolgende Position zu erreichen. Begonnen wird mit dem Feld, wo ein Stern zu finden ist, um einen Bibelvers aus Jeremia 3 zu entdecken. Er drückt Folgendes aus:

„Gott fühlt sich zu uns hingezogen; darum hat uns zu sich hingezogen!"

JE	GÜ	BE	GE	BE
ICH	ZO	DICH	TER	HA
LIEBT	UND	TE	HA	MIR
GEN	DICH	GE	RUM	LAU
JE	DA	AUS	ZU	*ICH

____

____

____

26. Juli

Heute kommt ein „Schüttelshake“.
Dabei geht es um einen Bibelvers aus Lukas 9. Alle Wörter sind vorgegeben. Manche müssen nur noch so umgestellt werden, dass neue Begriffe anderer Bedeutungen entstehen und in den Kontext passen.

„Und las eis auf dem Wege waren, sprach niere zu ihm: ich will dir flogen, wohin du hegst. Und Jesus sprach zu ihm: eid Füchse bahne Burgen und die Vögel ruten dem Himmel bahne Sterne; rabe der Menschensohn hat nichts, wo er eins Haupt hinlege.“

____

____

„Folgen
zieht Folgendes nach sich – ‚Folgen‘!“

27. Juli

Die heutige „Buchstabenkiste" enthält ein Kuddelmuddel. Es gilt, einfach die Zahlenpaare mit einer geraden Linie zu verbinden, damit alle Buchstaben, die nicht ausgestrichen sind, einen Bibelvers aus Matthäus 6 ergeben.

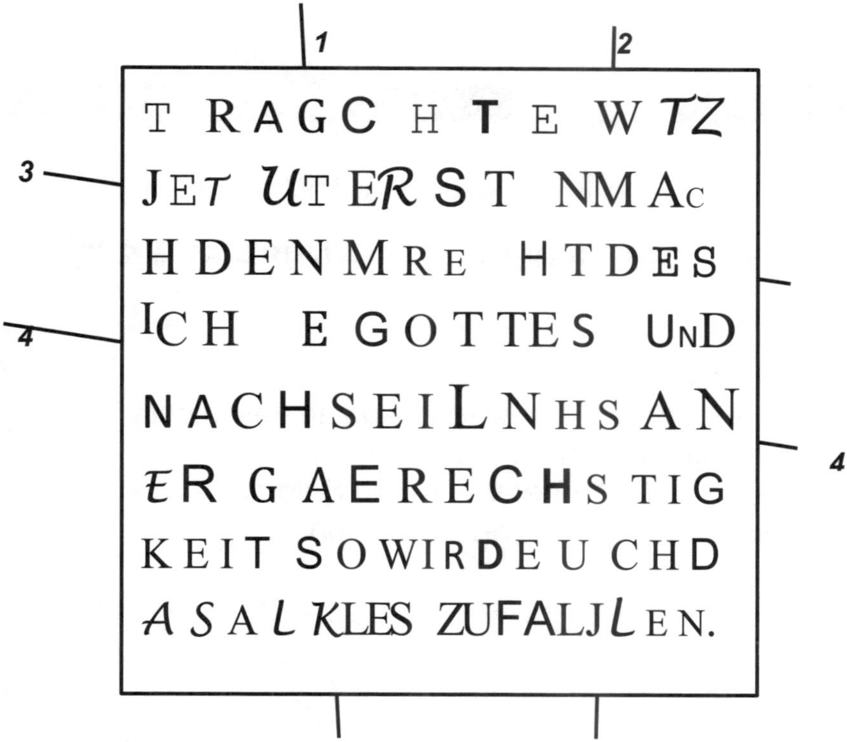

„Wenn Gott
unsere Nummer eins ist,
werden wir nie
am Nullpunkt enden!"

28. Juli

Nun kommt ein „Mittelsilbenrätsel“.
Aus den nachstehenden Silben können Namen von Personen aus der Bibel gebildet werden. Die nicht angegebenen Mittelsilben ergeben ein anderes Wort für einen Zeitabschnitt.

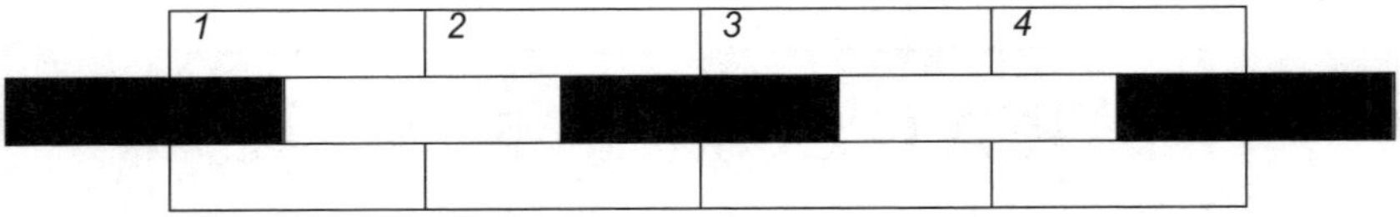

BA – BATH – BEL – EL – I – NUS – RA – STE

[1] Wie heißt einer der drei Erzengel?
[2] Von welchem Mann wird in Apostelgeschichte 7 berichtet, dass er gesteinigt wurde?
[3] Wie heißt die Mutter von König Salomo?
[4] Wie heißt die Frau von König Ahab?

„Die vielen Versprechen Gottes sind vielversprechend!"

29. Juli

Heute wird der Autor des nachstehenden Zitats gesucht. Im „Wortsalat“ heißt er:

AMNIRT HELTUR

____

Das Leben ist kein Frommsein,
sondern ein Frommwerden,
nicht eine Gesundheit,
sondern ein Gesundwerden,
nicht ein Sein, sondern ein Werden,
nicht eine Ruhe, sondern eine Übung.
Wir sind's noch nicht, wir werden's aber.
Es ist noch nicht getan oder geschehen,
es ist aber im Gang und im Schwang.
Es ist nicht das Ende, es ist aber der Weg.
Es grünt und glänzt noch nicht alles,
es reinigt sich aber alles.

***„Wir sind noch nicht fertig,
aber Gott macht uns fertig!“***

Heute kommt ein „Zahlenrätsel“.
Es gilt, aus Zahlen Wörter zu erraten.
Der Bibelvers, der dabei gesucht wird, drückt Folgendes aus:

„Wer reichlich gibt, wird reich;
wer ärmlich gibt, wird erbärmlich!“

„		E	
	19	2	3

1	2	4	15

				N
5	2	6	2	15

			D			,
9	4	15	7	2	8	

		R
7	2	3

W				‘	
19	4	3	7		1

V									;
10	2	3	5	4	2	3	2	15	

U		
11	15	7

19	2	3

S			
1	2	4	15

		B		
5	2	6	2	15

			-
10	2	3	

	I			
5	4	2	3	8

11	12

M						-
12	2	4	15	2	8	

		L				,
19	4	5	5	2	15	

7	2	3

				‘	
19	4	3	7		1

F						.	“
9	4	15	7	2	15		

31. Juli

Hier ist wieder ein „Verbindungsrätsel".
Dabei geht es um einen Bibelvers aus Lukas 9 und um einen aus Matthäus 10, die ordentlich durcheinandergebracht worden sind. Beide verbinden die Wörter im Mittelkreis, die auch doppelt vor-kommen können. Sie wollen in den Außenkreisen mit einsortiert werden. Wie heißen die Bibelstellen richtig?

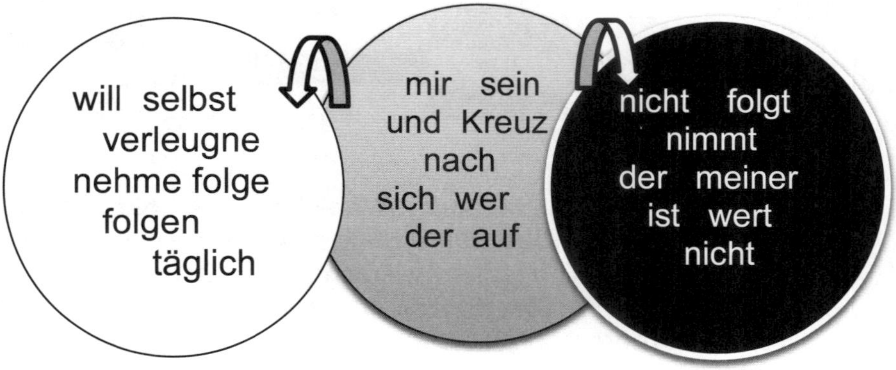

„Wir können dem nachgehen, was es bedeutet, Jesus nachzugehen!"

1. August

Im heutigen „Silbenkreuzworträtsel“ sind die fettgedruckten Wörter aus der nacherzählten Geschichte vom barmherzigen Samariter zu ergänzen.

AUS					
				BER	GE
	VER		ZEN		
WUN				STER	
		ER			
	GELD				FALL

Einmal fragte einer den **Meister:** „Wer ist mein **Nächster**?“ Er erklärte: Durch einen **Überfall verletzen Räuber** einen Mann. Zuerst hilft niemand, aber dann kommt ein **Ausländer**. Ihm geht das Leid zu **Herzen**, sodass er die **Wunden verbinden,** ihn in eine **Herberge** bringen und dem Wirt zur Pflege **Bargeld geben** wird, was **wunderbar** ist. Dieser **Einfall** ist ein **Ausdruck** seiner Liebe.

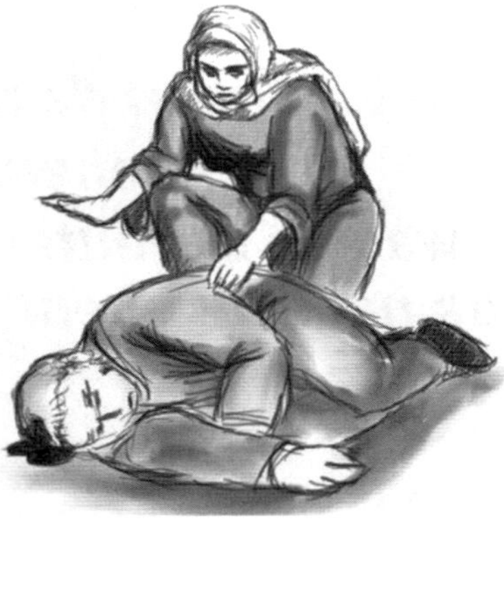

„Der Nächste ist derjenige, der uns momentan nahe (gegenüber) steht!“

2. August

Im heutigen Rätsel sollen die Söhne von König David ihren verschiedenen Müttern zugeordnet werden, das heißt: Wer gehört zu wem – laut 2. Samuel 3,2?

Mütter

1	2	3	4	5	6	7
Abigajil	Batseba	Haggit	Abital	Egla	Ahinoam	Maacha

Söhne

8	9	10	11	12	13	14
Amnon	Kilab	Absalom	Adonija	Schefatja	Jitream	Salomo

__+__, __+__, __+__, __+__, __+__, __+__, __+__

„Jeder Sohn hat eine Mutter; aber manche Eltern haben ein Muttersöhnchen!“

3. August

Heute kommt ein „Mottorätsel“.
Es werden einige Begriffe mit „B“ gesucht, die etwas mit dem Leben als Christ zu tun haben. Bei richtiger Lösung ergeben die fünften Buchstaben der einzelnen Wörter von oben nach unten gelesen den Begriff, der Menschen betitelt, die Gott vertrauen.

				G	N	U					
				Ä	N						
	E	R									
	R	O	T								
						H	E	R			
		W	E	G							
			D	E	R						

„Jede Begegnung mit Gott bereichert uns!“

4. August

Heute gibt es einen „Satzsalat“ und ein „Suchbild“.
Hinter dem gesuchten Satz verbirgt sich ein Zitat von Martin Luther. Aber nicht nur das: Die beiden Bilder unterscheiden sich durch 5 Fehler.

DER GLAUBENS FREUDE IST DES DOKTORHUT.

____

„Vor der Freude
zieht der Glaube den Hut!“

5. August

Heute gibt es „Aus zwei mach eins“.
In Reimform sind nachstehend jeweils zwei Begriffe beschrieben, die erraten und hinterher zu einem zusammengesetzten Wort gemacht werden sollen.

1.

„Gottes Haus in jedem Falle.
Prunk und Luxus haben alle.
Menschen kommen nur hierher,
um zu suchen – Gott, den Herrn.“

____

2.

„Auf dem großen Welten Meer
fährt es ständig hin und her.
Es gab es schon zu Noahs Zeiten,
und jeder kennt es auch noch heute.“

____

Wie heißt nun das zusammengesetzte Wort?

____

„Unser Leben mit Gott
gleicht einer ‚Kreuzfahrt‘
auf dem großen Meer!“

6. August

In diesem „Pyramidenrätsel“ werden stufenweise neue Buchstaben hinzugefügt und umgestellt, sodass auf diese Weise immer wieder andere Wörter entstehen. Die Fragen zu den Bibeltexten helfen dabei, die Begriffe zu finden.

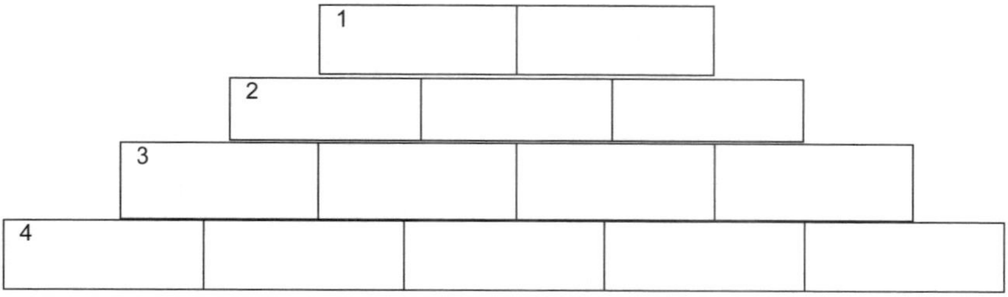

[1] In Hiob 1,1 steht: „Es war ein Mann im Lande _____“

[2] In Psalm 16,8 steht: „Ich habe den HERRN allezeit vor Augen; steht er mir _____ Rechten, so werde ich festbleiben.“

[3] In Jesaja 50,2 steht: „ … ist mein Arm nun so _____ geworden, dass er nicht mehr erlösen kann?“

[4] In Philipper 2,8 steht: „Er … ward gehorsam bis … zum Tode am _____.“

„Viele Worte in der Bibel bauen aufeinander auf, was total aufbauend ist!“

7. August

Hier ist ein „Mottorätsel“.
Heute werden verschiedene Aspekte des Betens gesucht. Bei richtiger Lösung ergeben die dritten Buchstaben der einzelnen Wörter von oben nach unten gelesen ein Verb, das ausdrückt, was Gott macht, wenn wir ins Gebet gehen.

	O	B				
	L		H		N	
	Ö		E			
K	L				N	
B			T	E		
		E	I	S		
D			K		N	

„Wenn wir zu Gott kommen, kommen wir nicht um!“

8. August

Rembrandt gehört zu den bedeutensten Künstlern der Barockzeit. Viele Portraits hat er gemalt, aber auch biblische Szenen aus dem Altem und Neuen Testament. So zum Beispiel hängt im Amsterdamer Reichsmuseum das Ölgemälde „Jeremia betrauert die Zerstörung Jerusalems“:
Ein alter Mann sitzt gegen eine Felswand gelehnt. Sein Arm ruht auf einem dicken Buch – einer Bibel. Neben ihm steht ein Gefäß mit einigen Kostbarkeiten, ein Kelch, Gold – anscheinend Dinge, die er aus der Stadt retten konnte. Jerusalem ist im Hintergrund schemenhaft zu erkennen. Ein Gebäude brennt – der Königs-palast vielleicht? Ein Mann steht oberhalb einer Treppe und hält sich die Augen. Wahrscheinlich ist das der König. Die Babylonier haben seine Söhne umgebracht, ihn selbst aber am Leben gelassen, nachdem sie ihm die Augen ausgestochen haben. Jahrelang hatte Jeremia die Sünden des Volkes angeprangert, hatte im Auftrag Gottes Gericht angedroht ... falls sie sich nicht endlich wieder Gott zuwenden würden. Aber vergebens. Das Resultat: Sie hatten den Prophet nicht nur ausgelacht, sondern sogar eingesperrt. Keiner hatte auf ihn gehört, auch nicht der König. Jetzt ist das eingetroffen, was Jeremia angekündigt hatte. Die Babylonier haben die Stadt Jerusalem eingenommen und zerstört, die Bewohner weggeführt. Eigentlich könnte Jeremia jetzt triumphieren. In Rembrandts Gemälde ist davon aber nichts zu sehen. Traurig, verzweifelt, beinahe als gebrochenen Mann, stellt Rembrandt den Propheten dar. Gott hat recht behalten. Ein Anlass zur Freude ist das aber nicht ...

Wie heißt eigentlich der König, den die Babylonier bei der Eroberung Jerusalems geblendet haben?

„Gott richtet sowohl hin als auch her!“

9. August

Im heutigen „Zickzack“ gilt es, mit einem Kreis zu beginnen, in dem der siebte Buchstabe des Alphabets steht, um dann Zug um Zug den Verbindungslinien zu folgen, damit ein Ausspruch eines Zolleinnehmers aus der Bibel zu lesen ist.

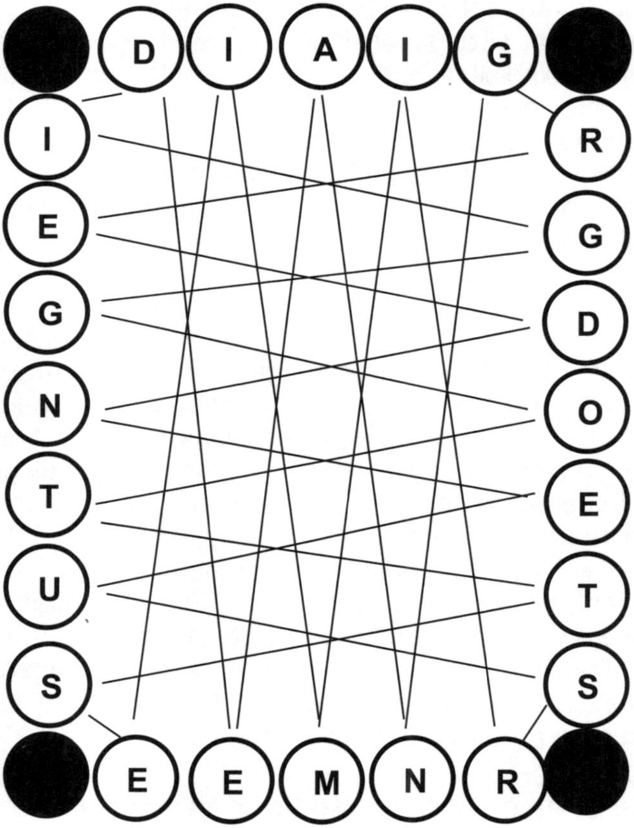

„Gott, kannst du mich ansehen, damit ich dein Ansehen genießen kann?!“

10. August

Heute gibt es ein „Bilderrätsel“.
Hier gilt es, nur die angegebenen Buchstaben dieser Bilder zusammenzufügen. Als Lösungswort kommt dann eine Berufsbezeichnung zum Vorschein.

6, 2

1, 2, 3

5, 3

„Es ist klar: Bei Gott müssen wir nicht mehr im Trüben fischen!“

11. August

Hier in der „Buchstabensuppe“ wird eines der Zehn Gebote gesucht.
Die Buchstaben sind alle vorgegeben und alphabetisch geordnet. Sie müssen nur noch auf den Linien sortiert werden.

B CC D EEEE HHH I LL

NN O R SS TT U

”_ _   _ _ _ _ _ _   _ _ _ _ _

_ _ _ _ _ _ _ _ _ _!“

**_„Ehe wir fortlaufen,
können wir fortlaufend
in die eigene Ehe investieren!“_**

12. August

Jetzt kommt ein „Mittelsilbenrätsel“.
Aus den nachstehenden Silben können Namen von Personen aus der Bibel gebildet werden. Die nicht angegebenen Mittelsilben ergeben eine Person aus dem Alten Testament – die Tochter von Jakob und Lea.

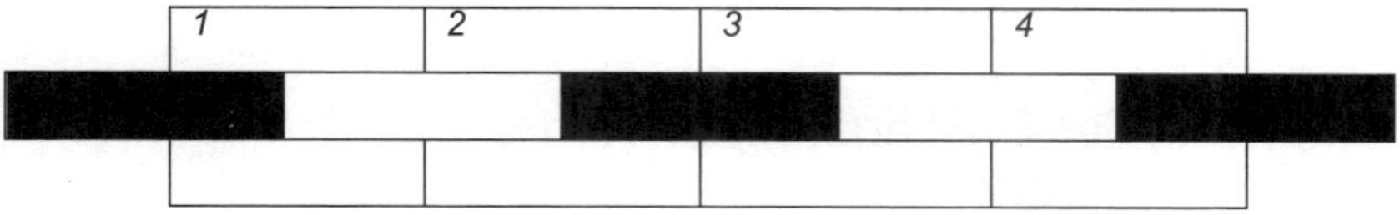

BAR – BAS – DA – EL – I – JE – SAB – SI

1 Wie heißt einer der Aufseher der Priester zu Jerusalem (Nehemia 11,14)?
2 Wie heißt die Mutter von König Josia (2. Könige 22,1)?
3 Wie heißt der Berg, von dem aus Gott seinem Volk das Gesetz gab (2. Mose 19,1)?
4 Wer war – übersetzt – der „gute Mann“, „voll Heiligen und Glaubens“ (Apostelgeschichte 11,22-24)?

„Gott kann zu jeder Person persönlich reden!“

13. August

Heute gibt es ein „Quizrätsel".
Dabei dreht sich alles um ein paar Männer. Wer sie kennt, entdeckt, dass die Anfangsbuchstaben ihrer Namen der Reihe nach einen alten Bekannten ergeben.

Wer sagt im Johannesevangelium zu Nathanael: „Komm und sieh es!" _ _ _ _ _ _ _ _ _ _ _

Wie heißt der Zwillingsbruder vom Erzvater Jakob? _ _ _ _

Wer hat im Neuen Testament den Spitznamen „Zweifler" bekommen? _ _ _ _ _ _ _

Wie heißt der älteste Sohn von Jakob und Lea? _ _ _ _ _ _

Wer war der erste Ehemann von Batseba, den König David umbrachte? _ _ _ _

Wie heißt der Christenverfolger, der vor Damaskus Jesus begegnet ist? _ _ _ _ _ _ _

„Es gibt Menschen, die ihrem Namen irgenwann alle Ehre machen,
– zum Beispiel –
‚ein Fels in der Brandung' sein!"

14. August

Nun kommt ein „Fächerrätsel“.
Hier gilt es, einige Begriffe aus der Pflanzenwelt zu erraten und ihnen die jeweiligen Kapitel und/oder Verse aus den Bibelbüchern zuzuordnen.

F _ i _ _ n	Matthäus _ ,16
W _ _ z e _	Jeremia 12, _ _
L _ l _ e _	Jesaja _ _, _
G _ r s _ _	Rut _,22
_ y _ r h _	Markus 15, _ _
Z y _ _ _ _ _ _ _ _	Jesaja _ _, 13

Kapitel

1	35	7	55

Verse

1	13	23

„In Gottes Schöpfung können wir aus dem Vollen schöpfen!“

15. August

Heute wird „Streiche" gespielt.
Aus dem nachstehenden Riesenwort „Jüngerschaftskurs" sollen dabei die Ergebnisse der folgenden Aufgaben von links nach rechts weggestrichen werden, sodass ein einziges Wort übrig bleibt.

JÜNGERSCHAFTSKURS

1. Streiche von dem 13. Wort aus Klagelieder 3,39 den zweiten und dritten Buchstaben.
2. Wie heißt das 16. Wort aus 2. Mose 37,17?
3. Streiche von dem 14. Wort aus Jesaja 40,6 den ersten und zweiten Buchstaben.
4. Streiche von dem 5. Wort aus 1. Korinther 1,18 den ersten und zweiten Buchstaben.

„Es ist klasse,
bei Jesus in die Schule zu gehen!"

16. August

Nun ist ein „Mottorätsel“ dran.
Im Prinzip werden heute nur drei Buchstaben gesucht, die jeweils in die freien Kästchen passen und die gesuchten Wörter ergeben.
Als kleine Hilfe können auch die Fragen beantwortet werden.

1			S	E	N	D	U	N	G
2			L						
3			S	A	T	Z			
4									
5			S	E	H	E	N		
6			M						
7			E	R	T	E	I	G	
8			L	U	S				

[1] Was tat Jesus in Lukas 10,1-12 mit den Jüngern?
[2] Wie hieß der erste König Israels?
[3] An welcher Krankheit litten zur Zeit der Bibel viele Menschen?
[4] Wie hießen mehrere Israeliten? Zum Beispiel in 2. Samuel 6,3.
[5] In Jesaja 52,14 steht, dass sein … hässlicher war als das der Menschenkinder!
[6] Die Frau in Matthäus 9,20 berührte den … seines Gewandes?
[7] Jesus warnt in Matthäus 16,6 vor dem … der Pharisäer?
[8] Wie hieß der Apostel Paulus vor der Bekehrung?

„Darauf ist der Herr aus:
dass wir aus uns herauskommen!“

17. August

Heute wird im „Kästchenpuzzle“ ein Bibelvers aus Jesaja 43 gesucht. Alle Wörter sind vorgegeben. Sie müssen nur noch in der richtigen Reihenfolge unten eingetragen werden und in den Kontext passen.

dich, bei, erlöst, ich, habe, Fürchte,
nicht, denn, ich, Namen, mein,
gerufen, habe, dich, du, dich, deinem, bist

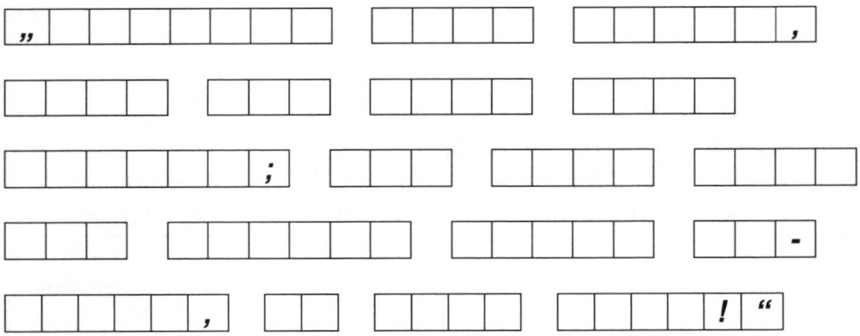

„Weil uns Gott unter seine Fittiche nimmt, werden wir nicht flügellahm!“

18. August

Heute kommt ein „Verwandlungsrätsel“ dran.
Dabei sind immer zwei Buchstaben zuviel. Darum sollen sie aus jedem der folgenden Wörter entweder zusammenhängend oder getrennt voneinander gestrichen werden, sodass die übrig gebliebenen Wortteile einen Bibelvers aus 1. Petrus 5 ergeben.

„KRALLE TEUREN BESORGE
WERFTEN DRAUF IHNEN;
DEINEN ERBT GESORGT FÜHRT KEUSCH.“

____

____

____

***„Gott ist unser Versorger,
der unsere Lasten entsorgt!“***

19. August

Hinter dem heutigen „Schwedenrätsel“ stecken 14 Wörter. Sie können in jede Richtung laufen – vorwärts, diagonal, rückwärts, vertikal. Die Buchstaben, die sich hinter den Sternchen verbergen, ergeben der Reihe nach ein Wort des Bibelverses aus Johannes 16. Wie heißt er richtig?

der, aber, ihr, getrost, ich, Angst, in,
die, seid, Welt, habe, überwunden, Welt, habt,

Ü	B	E	R	☆	U	N	D	E	N
S	W	D	T	Ö	D	I	E	G	R
C	E	F	J	E	I	A	B	E	R
K	L	O	B	L	☆	T	D	Ä	U
W	T	A	N	G	S	T	☆	X	N
E	H	K	F	Ä	D	O	T	E	F
V	S	A	N	A	Z	R	H	I	W
Ü	D	M	B	P	N	S	N	C	A
T	S	O	R	☆	E	G	U	H	K

„Jesus hat die Welt aufs Kreuz gelegt!“

20. August

Nun gibt es „Die Qual der Wahl“.
So soll der nachfolgende Bibelvers aus 2. Korinther 12,(9-)10 ergänzt werden. Mehrere Möglichkeiten sind vorgegeben. Aber welche stimmen?

„Und er hat zu mir gesagt: Lass dir an meiner Gnade genügen; denn meine Kraft ist in den Schwachen mächtig. Darum will ich mich am allerliebsten rühmen meiner Schwachheit, damit die Kraft Christi bei mir wohne. Darum bin ich guten Mutes in …

- ☐ … Schwachheit
- ☐ … Misshandlungen
- ☐ … Hunger
- ☐ … Nöten
- ☐ … Verfolgung
- ☐ … Ängsten

… um Christi willen; denn wenn ich schwach bin, so bin ich stark.“

„Gott macht sich für uns stark,
weil er eine Schwäche
für unsere Schwächen hat!“

21. August

Ich will Dir danken für den Sinn,
den Du, Herr, meinem Leben gibst,
auch wenn ich nicht imstande bin,
stets zu verstehn, wie Du mich liebst.
Nicht selten sitze ich im Tal.
„Was soll ich hier?", frag ich dann schon.
„Ich bin so müde, leide Qual.
Sitzt Du denn wirklich auf dem Thron?"
Im Nachhinein wird mir bewusst:
Der Weg hat mir doch gutgetan!
Du weißt genau, was Du da tust,
verwirklichst Deinen großen Plan!
Mein Ende, Herr, ist Dein Beginn,
und meine Schwachheit – Deine Kraft.
Aus Fehlern ziehe ich Gewinn,
weil Deine Liebe Hoffnung schafft.
Du lässt mich wachsen und gedeihn.
Den Glauben willst du stärken,
um mich zum Leben zu befrei'n –
zum Lob in Wort und Werken.
Wie bin ich doch in dir bewahrt!
Du führst mich sicher an der Hand.
Ich kenne nur die Gegenwart:
Dir ist die Ewigkeit bekannt!

Wo steht in der Bibel der folgende Vers:
„Wir wissen aber, dass denen, die Gott lieben, alle Dinge zum Besten dienen."

____

„Weil Jesus mein Bestes will,
hat er sein Bestes gegeben!"

22. August

Im heutigen „Irrgarten“ geht es darum, eine Aussage vom Apostel Paulus zu sortieren, die in Philipper 4 steht. Wie heißt sie richtig?

					M	A	C	H	T
			D		Ä				
			E		C		M		
	D	U	R	C	H		I		
					T		C		
					I	C	H		
V	E	R	M	A	G				
				L					
				L					
			D	E	N				
				S					

„Weil Gott mein Schöpfer ist, kann ich bei ihm aus dem Vollen schöpfen!“

23. August

Heute gibt es ein „Flickenpuzzle“. Der Bibeltext aus Jesaja 40 soll mithilfe der Zahlen richtig zusammengesetzt werden.

1 dass sie auffahren mit Flügeln wie Adler, dass sie laufen und nicht matt werden, dass sie wandeln und nicht müde werden.“

2 Männer werden müde und matt, und Jünglinge straucheln und fallen; aber die auf den HERRN harren, kriegen neue Kraft,

4 Der HERR, der ewige Gott, der die Enden der Erde geschaffen hat, wird nicht müde noch matt, sein Verstand ist unausforschlich. Er gibt dem Müden Kraft, und Stärke genug dem Unvermögenden.

3 „Warum sprichst du denn, Jakob, und du, Israel, sagst: Mein Weg ist dem HERRN verborgen, und mein Recht geht vor meinem Gott vorüber? Weißt du nicht? Hast du nicht gehört?

„Erschöpfte werden durch ihren Schöpfer ermutigt!“

24. August

Bei diesem „Wortsalat“ gilt es, die folgenden Begriffe zu sortieren und in den Bibeltext aus Jesaja 54 einzufügen:

LÜGEH, DUNB, GERBE,
SEIFERND, ABERMERR, DANGE

„Denn es sollen wohl ____________ weichen und ____________ hinfallen, aber meine ____________ soll nicht von dir weichen, und der ______________ meines ______________ soll nicht hinfallen, spricht der HERR, dein ________________.“

„Auch wenn die Welt Kopf steht, wird Gott zu uns stehen!“

25. August

Die heutige „Buchstabenkiste“ enthält wieder ein Kuddelmuddel. Es gilt, einfach die Zahlenpaare mit einer geraden Linie zu verbinden, damit alle Buchstaben, die nicht ausgestrichen sind, einen Bibelvers aus Jesaja 42 ergeben.

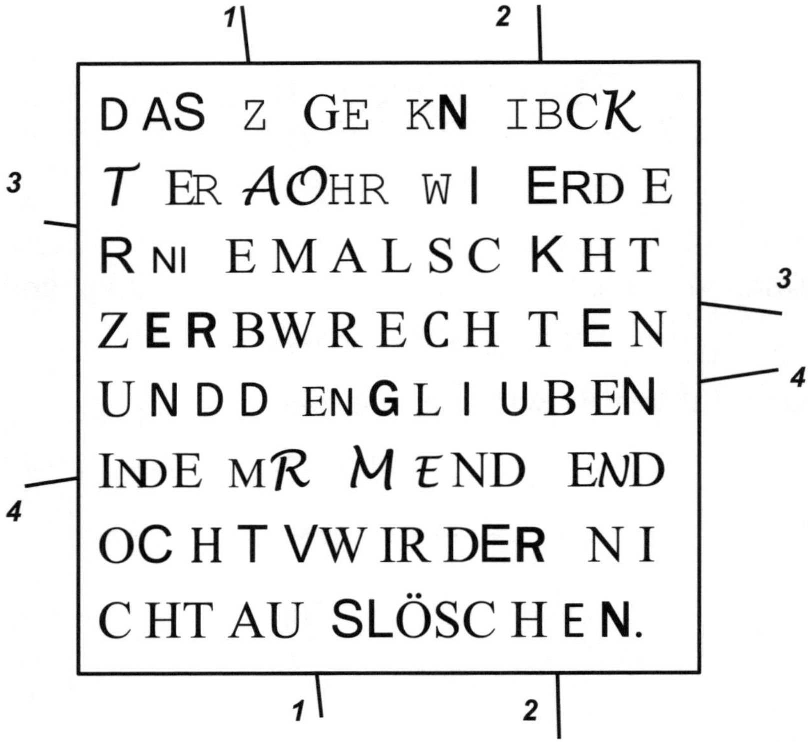

„Gott ist Feuer und Flamme, einen kleinen Funken wieder in Brand zu setzen!“

26. August

Beim „Hoppla hopp“ ist wieder von Feld zu Feld zu springen – wie mit einem Springer beim Schach. Das Pferd springt gerade-schräg beziehungsweise schräg-gerade auf das übernächste Feld, um die folgende Position zu erreichen. Begonnen wird mit dem Feld, wo ein Stern zu finden ist, um einen Bibelvers aus Lukas 14 zu suchen, der Folgendes meint:

„Wer sich in Demut übt,
wird ausgezeichnet;
Wer sich für ausgezeichnet hält,
wird Demut lernen!“

SOLL	DRIEGT	SOLL	SELBST	*WER
DER	SICH	ER	WER	ER
NIE	DER	DEN	SICH	ER
WER	DRIEGT	ER	HÖHT	DEN
HÖHT	WER	UND	NIE	SELBST

„Ich bin ein Kunstwerk mit Profil – vom Profi erschaffen!"

Von daher ist es wichtig, im „Satzsalat" den folgenden Bibelvers aus Psalm 139 richtig umzustellen.
Kleiner Tipp: Die Satzzeichen sind zum Teil nachträglich eingefügt.

„wunderbar, dass meine Werke gemacht sind.
deine Seele erkennt das.
wunderbar; Ich bin ich.
danke dir dafür!"

____

____

28. August

Es war einmal ein jüngerer Sohn,
der verlangte vom Vater das Erbe.
Er macht sich damit auf und davon –
in dem Gedanken, dass er glücklicher werde.
Von da an lebte er in der Welt,
und das in Saus und Braus.
Er verprasste das ganze, gute Geld.
Doch irgendwann war es aus.
Ins Land kam eine Hungersnot.
Der Junge fing an zu weinen.
Er hatte solch große Angst vor dem Tod,
denn er landete bei den Schweinen.
Da ging er in sich, dachte zurück.
Er erkannte: „Ich war so dumm!"
Er ging zum Vater, zu seinem Glück.
Ja, er kehrte reumütig um.
Der Vater aber bekam keine Wut.
Stattdessen freute er sich sehr.
Er war - wie damals - einmalig gut
zu seinem geliebten Heimkehrer.

Womit beschenkt der Vater seinen Sohn, nachdem er ihn wieder bei sich aufgenommen hat? Es sind vier Dinge.

„Der himmlische Vater ist versöhnlich und behandelt den Sohn väterlich!"

29. August

Heute gibt es ein „Zählrätsel". Dazu sind verschiedene Bibelstellen angegeben, wobei ein bestimmtes Wort daraus abgezählt und verwendet werden soll, damit ein neuer Vers entsteht.

Gesucht wird das **7.** Wort aus 2. Samuel 10,4 ________

Gesucht wird das **9.** Wort aus 1. Mose 1,28 ________

Gesucht wird das **7.** Wort aus 2. Korinther 5,7 ________

Gesucht wird das **3.** Wort aus 1. Mose 45,5 ________

Gesucht wird das **1.** Wort aus 1. Timotheus 4,4 ________

Gesucht wird das **8.** Wort aus 3. Johannes 3 ________

Gesucht wird das **13.** Wort aus 2. Samuel 1,26 ________

Gesucht wird das **33.** Wort aus 1. Könige 2,8 ________

Gesucht wird das **4.** Wort aus 1. Chronik 16,11 ________

Gesucht wird das **32.** Wort aus 5. Mose 6,24 ________

Gesucht wird das **6.** Wort aus 5. Mose 1,12 ________

Gesucht wird das **13.** Wort aus 1. Samuel 2,4 ________

„Es ist nicht nur stark,
Freude in Gott zu haben;
Freude in Gott macht auch stark!"

30. August

Im „Lückenbüßer“ wird nun Folgendes gesucht:

***„Eine Einladung Jesu,
die uns immer wieder
zum Abladen ermutigt!“***

_ O _ G _ _   _ U _ _   _ _ C _ _ !

Nachstehende Buchstaben sind der Menge nach vorhanden:

E	R	S	G	H	O	C	T	U	N	I
2	1	1	1	2	1	2	2	1	1	1

31. August

Heute kommt „Nimm drei“ an die Reihe.
Es gilt, die folgenden drei Bibelverse zu ergänzen – mit einem Wort, das jeweils aus den Buchstaben „A H C F S L“ besteht.

„Darum will ich mein Korn und meinen Wein mir wieder nehmen zu seiner Zeit und meine Wolle und meinen ______________ ihr entreißen, womit sie ihre Blöße bedeckt.“ (Hosea 2,11)

„Es ist umsonst, dass ihr früh aufsteht und hernach lange sitzet und esset euer Brot mit Sorgen; denn seinen Freunden gibt er es im ______________.“ (Psalm 127,2)

„Du sollst nicht ______________ Zeugnis reden wider deinen Nächsten.“ (2. Mose 20,16)

„Ehrlichkeit
ist für Gott Herrlichkeit!“

1. September

Heute wird wieder „Wortwechsel" gespielt.
Die „Welt" ist vorgegeben. Nun muss ein Buchstabe immer nur ausgetauscht werden, damit ein neues Wort entsteht. Um den richtigen Pfad zu finden, sind einige Begriffe vorgegeben. Dabei werden mitunter mehrere Namen von biblischen Personen und ein Monat des jüdischen Kalenders gesucht.
Übrigens: Am Ende entsteht wieder der Gegensatz zur „Welt".

W	E	L	T
D	R	A	N
A	D	E	R

„Als Meister der Welt hat Jesus – wie ein Weltmeister – vom Himmelreich erzählt!"

2. September

Wie heißt der folgende Bibelvers richtig gelesen?
Welches Wort muss hier ergänzt werden?
Wo steckt die zwei Fehler?

„Nun aber schauen wir alle mit aufgedecktem Angesicht die Herrlichkeit des Herrn wie in einem ______________, und wir werden verklärt in sein Bild von einer Herrlichkeit zur andern von dem Herrn, der der Geist ist." (1. Korinther 3,18)

„Wir Christen spiegeln Christus wider, wenn wir uns vom Geist begeistern lassen!“

3. September

Im heutigen „Silbenrätsel“ werden neun Orte gesucht, die in der Bibel erwähnt werden:

A – an – Ba – by – chem – cho – dom –

E – Ho – Je – Ka – lon – Na – na – ra – rat –

reb –reth – ri – Si – sis – Tar – za

________________, ____________________, ________________,

_______________, ______________________, ________________

_______________, ______________________, ________________

„Vom Zion bis nach Aschdot –
Gott ist stets an jedem Ort!“

4. September

Im Folgenden sind die Begriffe aus dem altbekannten Lied von Mina Koch zuzuordnen:

Brot, Führer, Quell, Stern, Ziel, Fels, Stab,

________, auf den ich schaue,

________, auf dem ich steh,

________, dem ich traue,

________, an dem ich geh,

________, von dem ich lebe,

________, an dem ich ruh,

________, das ich erstrebe,

alles, Herr, bist du.

***„Der Eine, der für alle ist,
ist alles in einem!“***

5. September

Hier ist ein „Sandwich-Rätsel“.
Dabei werden drei Namen biblischer Personen gesucht, die dreisilbig sind. Sie sind senkrecht einzutragen.

Die mittleren Silben der Namen ergeben wiederum den Namen eines der kleinen Propheten.

1	2	3

1. Wie heißt die Schwiegermutter von Rut?

2. Wie heißen viele Israeliten? (1. Chr 8,15)

3. Wer ist der Lieblingsbruder von Josef?

„Wir können alles,
aber wir können alles lassen,
was dem Nächsten zum Anstoß wird!“

6. September

Nachstehende Wörter sind heute im „Schwedenrätsel“ zu finden:

Jericho, Bettler, Nazareth, erbarme, stehen, ruft, sprang, tun, sehend, geh, Glaube, Weg

D	F	S	P	R	A	N	G	S	N	M	B
J	H	O	E	R	S	Z	N	L	G	S	N
L	O	J	A	G	F	K	V	Z	L	U	A
W	A	B	E	T	T	L	E	R	A	R	Z
E	S	M	R	R	O	U	F	U	U	M	A
G	X	V	B	X	I	S	T	F	B	W	R
E	E	B	A	F	S	C	I	T	E	K	E
I	P	H	R	E	E	X	H	Y	A	H	T
A	W	E	M	D	G	A	E	O	E	T	H
R	S	T	E	H	E	N	N	I	H	D	C
R	T	Z	D	X	F	A	B	U	M	O	I
S	E	H	E	N	D	O	L	L	T	F	A

In welche einmalige Geschichte aus dem Markusevangelium gehören diese Begriffe?

Wer ist - neben Jesus - hier die Hauptperson?

„So manche Menschen vertrauen Gott blind!“

7. September

Im heutigen „Verwandlungsrätsel“ ist bei den folgenden Wörtern jeweils der erste Buchstabe gegen einen anderen auszutauschen, sodass Wörter neuer Bedeutungen entstehen. Bei richtiger Lösung ergibt der Satz einen BIbelvers aus Psalm 63.

„DENN ACH SICH TU WETTE FEGE,
WO LENKE ACH IN MICH,
DENN ACH BACH WIEGE,
ZINNE ACH ABER SICH DACH.“

____

____

____

***„Unermüdlich
habe ich Gott vor Augen!“***

8. September

Die heutige „Buchstabenkiste“ enthält ein Kuddelmuddel. Es gilt, einfach die Zahlenpaare mit einer geraden Linie zu verbinden, damit alle Buchstaben, die nicht ausgestrichen sind, einen Bibelvers aus Psalm 27 ergeben.

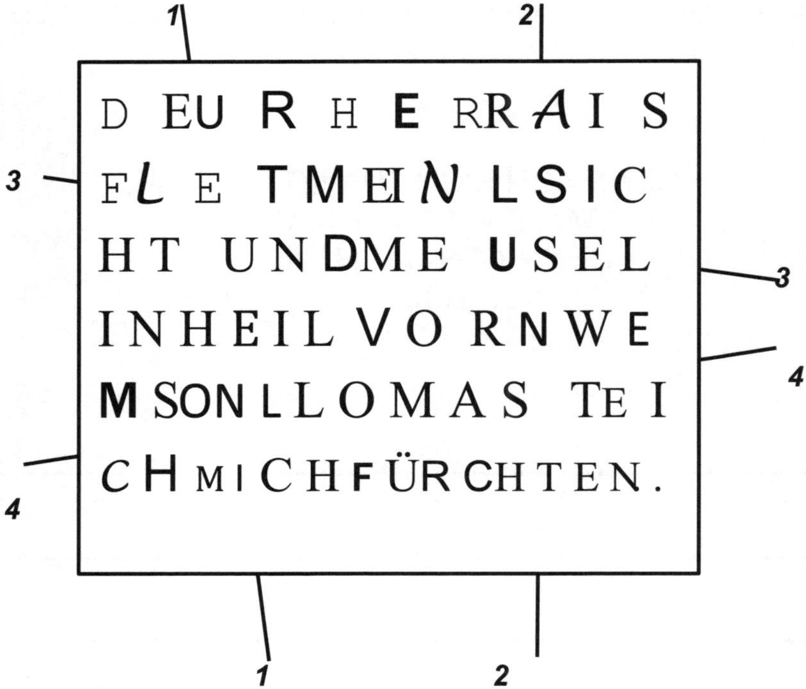

„Wenn uns bewusst ist,
wie groß die Macht Gottes ist,
lassen wir uns von Menschen nicht
klein machen!“

9. September

Beim „Hoppla hopp“ ist von Feld zu Feld zu springen – wie mit einem Springer beim Schach. Das Pferd springt gerade-schräg beziehungsweise schräg-gerade auf das übernächste Feld, um die nachfolgende Position zu erreichen. Begonnen wird mit dem Feld, wo ein Stern zu finden ist, um zwei Bibelverse aus Apostelgeschichte 17 zu entdecken. Sie drücken Folgendes aus:

„Gott ist nicht nur um uns,
sondern auch in uns –
und er handelt durch uns!“

NICHT	SIND	UN	IHM	ER
TER	LE	IST	UND	DEN
EI	FER	WIR	WAHR	IN
BEN	UNS	VON	JE	BEN
NE	NEM	WE	DENN	*FÜR

____

____

____

10. September

Hier geht es um den „Einsatz“.
Dabei gilt es, aus dem Bibeltext eine Glaubensaussage zu finden. Die fettgedruckten Wörter dienen als Gedankenanstoß und müssen geordnet werden.

„Denn es **gibt** keinen guten Baum, der faule Frucht trägt, und keinen faulen Baum, **der** gute Frucht trägt. Denn jeder Baum wird an seiner eigenen Frucht erkannt. Man pflückt ja nicht Feigen von den Dornen, auch liest man nicht Trauben von den Hecken. Ein guter Mensch bringt **Gutes** hervor aus dem guten Schatz seines Herzens; und ein böser bringt Böses hervor aus dem bösen. Denn wes das Herz voll ist, des geht der Mund über. Was nennt ihr mich aber **Herr**, Herr, und tut nicht, was ich euch sage?“ (Lukas 6,43-46)

„Nichts für ungut:
Gott ist gut
und kann mehr als nur
Gut geben!“

11. September

Im heutigen „Schüttelrätsel“ sollen aus modernen Vornamen bekannte biblische Männer- oder Frauennamen gemacht werden.

A	N	D	I				
I	N	K	A				
M	A	R	A				
M	A	R	T	A			
K	L	A	U	S			
S	I	M	O	N	E		
M	I	C	H	A	E	L	A

„Wir können uns an Gott hängen und müssen uns nicht von Menschen abhängig machen!“

12. September

Wo sind die 8 Fehler versteckt?

„Und er ging nach Jericho hinein und zog hindurch. Und siehe, da war ein Mann mit Namen Zachäus, der war ein Oberer der Zöllner und war reich. Und er begehrte, Jesus zu sehen, wer er wäre, und konnte es nicht wegen der Enge; denn er war dick von Gestalt. Und er lief voraus und stieg auf einen Feigenbaum, um ihn zu sehen; denn dort sollte er durchkommen. Und als Jesus an die Stelle kam, sah er auf und sprach zu ihm: Zebedäus, steig eilend herunter; denn ich muss heute in deinem Haus einkehren. Und er kam eilend herunter und nahm ihn auf mit Freunden. Als sie das sahen, murrten sie alle und sprachen: Bei einem Sünder ist er eingekehrt.

Zachäus aber trat vor den Herrn und sprach: Siehe, Herr, die Hälfte von meinem Besitz gebe ich den Armen, und wenn ich jemanden betrogen habe, so gebe ich es vielfach zurück. Jesus aber sprach zu ihm: Heute ist diesem Hause Heil widerfahren, denn auch er ist Abrahams Sohn. Denn der Menschensohn ist gekommen, zu finden und selig zu machen, was verloren ist.“ (Lukas 19,1-10)

„Gut, wenn ein Hausherr den Herrn in seinem Haus aufnimmt!“

„Gott lädt uns ein: Ihr müsst nicht mehr für das zahlen, was nichts zählt!“

Von daher ist es wichtig, im „Satzsalat“ den folgenden Bibelvers aus dem 55. Kapitel des Jesaja-Buches richtig umzustellen.

„Hört auf Brot essen und Gutes Geld macht? euch nicht Warum Verdienst dar für das zählt ihr, was kein satt am laben. ist, Köstlichen für das, was mich, und doch ihr so werdet sauren“

____

____

____

Heute kommt „Die Qual der Wahl“.
Dabei soll der nachfolgende Bibelvers aus Micha 6 ergänzt werden. Mehrere Möglichkeiten sind vorgegeben. Aber welche stimmen?

„Es ist dir gesagt, Mensch, was gut ist und was der HERR von dir fordert, nämlich …

- ☐ … fröhlich in der Hoffnung sein,
- ☐ … geduldig in Trübsal sein,
- ☐ … Gottes Wort halten,
- ☐ … beharrlich im Gebet sein,
- ☐ … Liebe üben,
- ☐ … demütig sein vor deinem Gott.“

„Gefordert ist,
was gefördert wird!“

15. September

Heute gibt es ein „Zahlenrätsel“.
Es gilt, aus Zahlen Wörter zu erraten.
Der Bibelvers, der dabei gesucht wird, drückt Folgendes aus:

„Weil uns Gott sein Herz schenkt, können wir unser Herz an andere verlieren!“

„			
	8	5	3

						,
1	8	2	4	2	6	

1	7	9	9	10

11	6	9

E	I	N	A	N	D	E	R
2	8	6	7	6	12	2	3

1	8	2	4

					;
5	7	4	2	6	

12	2	6	6

12	8	2

1	8	2	4	2

8	9	10

14	15	6

G	O	T	T	,
16	15	10	10	

11	6	12

18	2	3

					,
1	8	2	4	10	

12	2	3

8	9	10

14	15	6

16	15	10	10

16	2	4	15	3	2	6

11	6	12

13	2	6	6	10

				.	“
16	15	10	10		

16. September

Im heutigen „Zickzack“ gilt es, mit einem Kreis zu beginnen, in dem der fünfte Buchstabe des Alphabets steht, um dann Zug um Zug den Verbindungslinien zu folgen, damit ein Bibelvers aus Galater 6 entsteht.

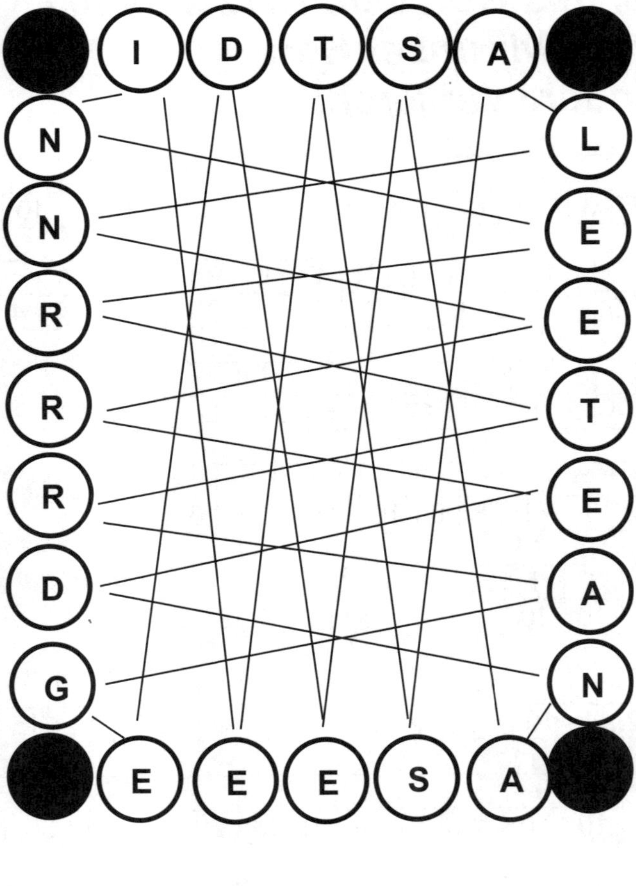

„Wir dürfen einander stützen und unterstützen!“

17. September

Heute geht es wieder um eine „Wortsuche“.
Bei dem Wort, das nun gefunden werden will, handelt es sich um den Namen eines Mannes aus dem Alten Testament.
Es gibt acht Männer mit diesem Namen in der Bibel, aber die Person, die gesucht wird, hat zwei Frauen. Die eine hat er lieb, aber sie ist unfruchtbar. Und die andere schenkte ihm ein Kind nach dem anderen, worauf sich diese Frau etwas einbildete. Darum demütigte sie ihre Widersacherin Jahr für Jahr.
Dieser Mann war ein fleißiger „Kirchgänger“. Einmal im Jahr ging er nach Silo, um den Herrn Zebaoth im Tempel anzubeten und ihm Opfer zu bringen.
Seine Lieblingsfrau tat das auch eines Tages. Sie schüttete Gott im Tempel ihr Herz aus und erbat sich einen Sohn. Und siehe da: Ihr Gebet wurde erhört!

Die Bedeutung dieses Männernamens lautete: „Gott hat erworben“. Er besteht aus sechs Buchstaben, wovon im hinteren Teil die Stadt steckt, in der Jesus viele, viele Jahre später auf einer Hochzeit Wasser in Wein verwandelte.

Wir heißt nun dieses Wort?

„Ein Lebenslauf entsteht, während Gott mit uns durchs Leben läuft!“

18. September

Hier ist ein „Schüttelshake".
Heute geht es um einen Bibeltext aus 1. Korinther 13. Alle Wörter sind vorgegeben. Manche müssen nur noch so umgestellt werden, dass neue Begriffe anderer Bedeutungen entstehen und in den Kontext passen.

„Wenn ich mit Menschen- und tim Engelzungen erdete und hätte die Beeil nicht, so wäre ich nie tönendes Erz rode eine klingende Schelle. Und wenn ich prophetisch erden könnte und wüsste alle Insgeheimes und alle Erkenntnis und hätte allen Glauben, sodass ich Geber versetzen könnte, und hätte eid Liebe nicht, so wäre ich nichts. Und wenn ich alle einem Habe den Armen gäbe und ließe meinen Lieb verbrennen und hätte die Liebe nicht, so wäre mir's nichts nütze. Die Liebe ist langmütig und freundlich, die Liebe feiert nicht, die Liebe bitter nicht Mutwillen, sie bläht sich nicht auf, sie verhält sich nicht ungehörig, sie tusch nicht das Hier, sie lässt sich nicht erbittern, sie rechten das Böse nicht zu, sie ufert sich nicht rübe die Ungerechtigkeit, sie rufet sich rabe an der Wahrheit; sie erträgt alles, sie glaubt alles, sie hofft alles, sie dudelt alles. … nun aber bleiben Glaube, Hoffnung, Liebe, seide drei; aber die Beile ist die größte ruten ihnen."

„Die Liebe ist nicht beliebig, aber beliebt!"

19. September

Jetzt ist ein „Suche-Wort“ dran.
Hier werden drei andere Namen biblischer Bücher aus dem Alten Testament im Wort „Thessalonicher“ gesucht. Dabei darf jeder Buchstabe jeweils nur einmal pro Wort verwendet werden.

THESSALONICHER

____________________, ____________________,

____________________,

„Wer in der Bibel Gott sucht, findet auch sich selbst!“

20. September

Bei diesem „Lückenfüller“ gilt es, Begriffe aus Matthäus 28,18-20 zu finden und einzufügen:

Und __________ trat herzu und sprach zu __________: Mir ist gegeben alle __________ im __________ und auf __________. Darum gehet hin und machet zu __________ alle __________: __________ sie auf den Namen des __________ und des __________ und des __________ __________ und lehret sie __________ alles, was ich euch __________ habe.

„Taufe symbolisiert, dass wir mit Gott ins Reine kommen!“

21. September

Heute gibt es ein „Verspuzzle".
In den Feldern ist ein Bibelvers aus Johannes 14 auseinandergenommen und muss wieder zusammengesetzt werden. Wie heißt er?

1 WIR	2 WIRD	3 HALTEN	4 IHM	5 UND
6 LIEBT	7 MEIN	8 VATER	9 UND	10 WIRD
11 WOHNUNG	12 IHM	13 „WER	14 KOMMEN	15 IHN
16 WERDEN	17 DER	18 BEI	19 WORT	20 MEIN
21 LIEBEN	22 ZU	23 UND	24 MICH	25 NEHMEN."

____

____

„Niemand soll uns aufhalten,
Gott zu dienen,
weil er sich auf ewig
bei uns aufhalten wird!"

22. September

Hier ist ein „Mittelsilbenrätsel“.
Aus den nachstehenden Silben können Namen von Personen aus der Bibel gebildet werden. Die nicht angegebenen Mittelsilben ergeben einen Südarabischen Staat, der vom 9. vor- bis zum 6. nachchristlichen Jahrhundert existierte.

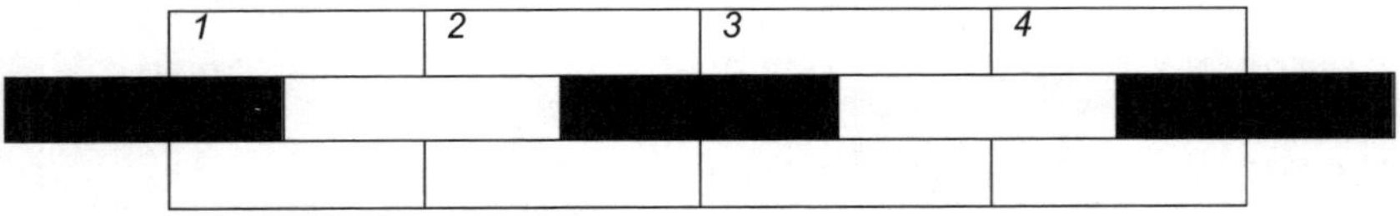

AB – CHAR – HA – IS – KUK – LOM – OTH – ZE

1 Ein Sohn Davids.
2 Ein Halbbruder von Josef und Benjamin aus 1. Mose.
3 Einer der zwölf kleinen Propheten.
4 Ein anderer Name für den Gott Israels.

„Dass Gott Gemeinden schuf,
hat Hand und Fuß,
denn dadurch sind wir heute
seine Hände und Füße!“

23. September

Im folgenden Zitat von Kurt Marti wiederholen sich fünf Wörter immer wieder. Es gilt heute, sie herauszufinden und den vorgegebenen Zahlen zuzuordnen, damit sich der gewünschte Sinn ergibt.

„② ① ⑤ ③,

④ jeder sagte,

② ① ⑤ ③

und keiner ginge, um zu sehen,

wohin ⑤ ①, ④ ⑤ gingen."

Gesucht werden die nachstehenden Wörter:

WENN = ___, WIR = ___,

KÄMEN = ___, WO = ___, HIN = ___

„Wenn wir nicht losgehen,
geht nichts los!"

24. September

Heute ist ein „Versrätsel" dran.
Die fehlenden Wörter in den folgenden Bibelversen gilt es heute zu suchen. Wenn man sie zusammensetzt, ergeben sie einen anderen Vers aus der Bibel. Wie heißt er und wo steht er?

„Ein Rauch seid _______, der eine kleine Zeit bleibt und dann verschwindet." (Jakobus 4,14)

„Und Gott segnete sie und sprach zu ihnen: ________ fruchtbar und mehret euch …" (1. Mose 1,28)

„________ ist ein köstlich Ding, dem HERRN danken und lobsingen deinem Namen, du Höchster …" (Psalm 92,2)

„Habt ________ bei euch und habt Frieden untereinander! (Markus 9,50)

„ _______ Gerechten Pfad glänzt wie das Licht am Morgen …" (Sprüche 4,18)

„Himmel und ________ werden vergehen; aber meine Worte werden nicht vergehen." (Matthäus 24,35)

„Salz kostet heutzutage nicht viel, aber es ist unendlich kostbar!"

25. September

Jetzt gibt es ein „Fächerrätsel“.
Hier gilt es, einige Vogelarten zu erraten und ihnen die jeweiligen Kapitel und/oder Verse aus den Bibelbüchern zuzuordnen.

_ _ _ w _ _ _ _	Psalm 84, _
_ _ _ e	1. Könige 17, _
_ _ _ r _ _	Jeremia _, _
R _ _ _ _ _	Psalm _ _ _,17
_ _ l _ _	Jesaja _ _,31
_ a _ _	Matthäus 26, _ _
_ _ u _ _	Jesaja _ _,14

„Gott nimmt jeden unter seine Fittiche – auch die Vögel!“

Kapitel

8	40	38	104

Vers

6	4	34	7

26. September

Im heutigen „Silbenkreuzworträtsel“ sind die fettgedruckten Wörter aus der nacherzählten Geschichte vom Gelähmten und seinen vier Freunden aus Markus 2 zu ergänzen.

MEN		■		■	UN		
	■	■	GE			■	■
■		GE	BEN	■			HIN
■	■		■			■	
AB		TEN	■	■	■		
	■	■	JE		■		■
	■			■		LUNG	■

Während **Jesus** in einem Haus eine **Versammlung** abhielt und viele **Menschen weiterhin unterweisen** konnte, war ein **Gelähmter** von seinen **weisen** vier Freunden zu Jesus **hingebracht** worden, indem sie das Dach **abdeckten** und ihn **abgeseilt** hatten. Ansonsten hätten sie zu viel Zeit damit **verbracht**, durch die **Menge** zu ihm kommen, die ihn **umgeben** hatte. Jesus sagte zu ihm: „**Sünder**, dir ist **vergeben**!“ Das fanden aber die **Gelehrten unmöglich**, die ihn der Gotteslästerung bezichtigten. Doch daraufhin schenkte er ihm ganzheitliche **Heilung** und **jeder** erkannte, dass er der Herr ist!

„Bittend dürfen wir Jesus immer aufs Dach steigen!“

27. September

Jetzt kommt ein „Mottorätsel“.
Im Prinzip werden heute wieder nur drei Buchstaben gesucht, die jeweils in die freien Kästchen passen und die gesuchten Wörter ergeben. Als kleine Hilfe können auch die Fragen beantwortet werden.

1			A	B					
2			B						
3			B	E					
4			D	E	R				
5			S	A	B	E	T	H	
6			N	E	N	T	U	C	H

[1] Wie heißt der zweitältere Bruder Davids? (2. Samuel 16,6)
[2] Jesus ließ ihn für uns brechen – seinen …?
[3] Was ist (nach 1. Korinther 13) das größte?
[4] Die Psalmen sind …?
[5] Wie heißt die Mutter von Johannes dem Täufer?
[6] Ein junger Mann war (nach Markus 14,51) mit einem … bekleidet, wonach man griff, sodass er nackt floh.

„Wenn wir uns an Gott halten, hält er uns!“

Heutzutage werden Menschen wieder älter. Meine Großeltern sind zum Beispiel im 98. und 94. Lebensjahr verstorben. Sie waren bis zum Ende ihrer Tage noch recht fit.
Der bekannte Holländer Johannes Heesters galt in seinen letzten Lebensjahren als der weltweit älteste noch aktive darstellende Künstler. Insgesamt stand er 90 Jahre auf der Bühne und 87 Jahre vor der Kamera. Er wurde 108 Jahre alt.
Die bis dato längste menschliche Lebensspanne seit Jahrhunderten erreichte Jeanne Louise Calment mit einem Alter von 122 Jahren und 164 Tagen. Sie wurde am 21. Februar 1875 in Arles (Frankreich) geboren und starb am 4. August 1997 in Arles.
Das ist jedoch gar nichts gegenüber den Lebensjahren, die die Menschen am Anfang der Welt hatten. Bei ihnen spricht man vom biblischen Alter. In 1. Mose 5 steht das Geschlechtsregister von Adam bis Noah. Daraus ist beispielsweise zu lesen, dass Adam mit 130 Jahren seinen Sohn Set zeugte und mit 930 Jahren starb.

Frage:
In diesem Kapitel ist auch noch von anderen Männern die Rede. Wer ist denn von ihnen der älteste Mensch geworden?

„Auch Jünger werden immer älter!“

29. September

Heute gibt es wieder ein Vorsetzrätsel.
Folgendes ist dabei zu tun:

Den Wörtern

Wanderung, Geschichte, Gesang,
Ankündigung, Ofen, Rede, Tafel
Stuhl, Buch

sind die passenden Begriffe

Abschieds, Lob, Richter, Wüsten, Haus,
Leidens, Feuer, Trost, Apostel,

voranzusetzen, sodass neue Wörter entstehen. Die Anfangsbuchstaben ergeben – hintereinander gelesen – einen Begriff für eine traditionelle Reise … zum Zweck des Besuches einer bestimmten Stätte mit religiöser Bedeutung.

____

____

____

„Wenn wir irgendetwas passieren, kann etwas Erstaunliches passieren!“

30. September

Hier ist eine „Zahlentruhe“.
Wer die folgenden Fragen zu beantworten weiß, kommt heute auf bestimmte Zahlen, die in dem Zahlenblock ausschließlich waagerecht versteckt sind. Aber wo?

1	3	6	8	5	6	4	0	2	9
1	2	1	5	1	7	2	1	6	1
7	9	7	6	4	3	2	4	9	9
6	8	3	5	4	2	4	8	2	6
6	1	5	3	4	2	0	5	4	5
4	5	6	8	3	7	8	9	0	5
0	3	5	7	3	1	4	5	7	7
5	7	1	4	3	6	0	5	8	6

1. In welchem Jahr veröffentlichte Matrin Luther die 95 Thesen gegen die Missstände in der katholischen Kirche?
2. In welchem Jahr (v. Chr.) eroberte Nebukadnezar Jerusalem und verschleppte das jüdische Volk in das Babylonische Exil?
3. Wie viele Fische fingen die Jünger am See Tiberias in Johannes 21?
4. Wie alt war Terach, als er in Haran starb?

„Manchmal ist Theologisches richtig logisch!“

1. Oktober

Im heutigen „Formenpuzzle“ wird ein Zitat von Johann Wolfgang von Goethe gesucht. Die Teile sind so zu sortieren, dass der Inhalt den gewünschten Sinn ergibt.
Dieser Spruch drückt – mit anderen Worten – aus:

„Gott gibt uns sowohl Gaben als auch Aufgaben, die Hingabe erfordern!“

1 nicht

2 er

3 Gott

4 knackt

5 die

6 gibt

7 sie

8 auf!

9 Nüsse.

10 Aber

2. Oktober

Ein Bauer hielt sich einst für klug.
Er hatte einen Plan
und dachte: „Ich hab nicht genug.
Ich pflanze noch mehr an.“
So riss er alte Scheunen ab
und baute hoch hinaus.
Doch damit grub er sich sein Grab.
Über Nacht war alles aus.

Gott sprach zu ihm: „Du kleiner Narr!“
Was hilft nun deine Gier?
Dein Traum wird damit nicht mehr wahr,
denn du stehst nackt vor mir.

Und die Moral von der Geschicht‘
gibt uns eine neue Sicht:
Wir solln mehr für den Himmel geben,
dann bleibt uns auch das ewige Leben.

Frage:
Wie oft betont der reiche Kornbauer in Lukas 12,16-21 die Wörter „ich“ und „mein“ bzw. „meine“, oder „meiner“, was zeigt, dass er Mein und Dein nicht unterscheiden kann?

„Wenn wir hamstern, drehen wir uns im Hamsterrad!“

3. Oktober

Auf welchen Vers in Psalm 65 beruft sich Christoph Zehender in seinem Lied: „Du gabst uns das, was wir benötigt haben“, das gern zum Erntedankfest gesungen wird:

Psalm 65, __

Die Sonne brachte Wärme hinein in unser Grau,
vertrieb die Kälte und die Traurigkeit.
Wir lachten und wir sangen und spürten ganz genau:
Du tust uns gut in dieser schönen Zeit.

Der Wind nahm uns den Atem, was sicher schien, flog weg,
vergeblich suchten wir nach festem Stand.
Wir wirbelten und kämpften, doch kamen nicht vom Fleck.
Da merkten wir: Du reichst uns deine Hand.

Der Regen ließ das wachsen, was fast vertrocknet war
nach dürren Zeiten, leblos und erschlafft.
Was wir schon aufgegeben, das blühte wunderbar.
Du schenktest uns dazu die frische Kraft.

Durch Sonne, Wind und Regen, im Glück und bei Gefahr,
erlebten wir dich immer wieder neu.
Wir danken dir und sagen: Es war ein gutes Jahr,
denn du warst uns bei jedem Wetter treu.

Du hast das Jahr gekrönt mit deinen Gaben,
hast unser Wachsen mit Liebe gelenkt.
Du gabst uns das, was wir benötigt haben.
Du hast uns wirklich reich beschenkt.

„Danken kommt aus dem Denken!“

4. Oktober

Hier herrscht „Tohuwabohu“.
Wie heißt der Bibelvers aus 1. Mose 8 richtig?

„Und ich will die schlagen Tag hinfort mehr alles, was da nicht lebt, wie ich nicht getan habe. Solange steht, soll aufhören Sommer und Hitze, Erde und Nacht, Winter und Ernte, Frost und Saat.“ (1. Mose 8,21-22)

____

____

____

____

„Gottes Versprechen sind keine Versprecher!“

5. Oktober

Nun kommt ein „Irrgarten“.
Heute wird ein abgewandeltes Zitat von Martin Luther gesucht, das hier unten ein bisschen durchgeschüttelt wurde. Wie heißt es richtig?

		P	F	L	A	N	Z	E	N	
A						O				
U				D		C				A
C		Z		I	C	H		M		P
H	E	U	T	E				O		F
		G				W	Ü	R	D	E
		R				E		G		L
		U		G		N		E		B
		N		E	I	N	E	N		A
		D		H						U
	W	E	L	T						M

„Müssen wir morgen in den sauren Apfel beißen, sind wir heute keine faulen Früchtchen!“

6. Oktober

Heute gibt es ein „Zählrätsel".
Dazu sind verschiedene Bibelstellen angegeben, wobei ein bestimmtes Wort daraus abgezählt und verwendet werden soll, damit ein neuer Vers entsteht.

Gesucht wird das **6.** Wort aus Römer 13,1 __________
Gesucht wird das **29.** Wort aus 3. Mose 23,10 __________
Gesucht wird das **4.** Wort aus Sprüche 29,18 __________
Gesucht wird das **17.** Wort aus Joel 2,11 __________
Gesucht wird das **2.** Wort aus 2. Samuel 16,5 __________
Gesucht wird das **6.** Wort aus Matthäus 22,14 __________
Gesucht wird das **7.** Wort aus Psalm 119,150 __________
Gesucht wird das **15.** Wort aus Amos 5,14 __________
Gesucht wird das **2.** Wort aus Hesekiel 48,19 __________
Gesucht wird das **1.** Wort aus Philipper 2,9 __________
Gesucht wird das **22.** Wort aus 1. Mose 23,8 __________
Gesucht wird das **6.** Wort aus Psalm 63,2 __________
Gesucht wird das **11.** Wort aus Sprüche 31,30 __________
Gesucht wird das **6.** Wort aus Jesaja 4,1 __________
Gesucht wird das **32.** Wort aus Johannes 4,35 __________
Gesucht wird das **8.** Wort aus Lukas 18,1 __________
Gesucht wird das **4.** Wort aus Jakobus 1,13 __________
Gesucht wird das **15.** Wort aus Matthäus 10,10 __________
Gesucht wird das **1.** Wort aus Hosea 12,1 __________
Gesucht wird das **2.** Wort aus Sprüche 28,13 __________
Gesucht wird das **17.** Wort aus Markus 4,29 __________
Gesucht wird das **1.** Wort aus Psalm 43,3 __________

„Lasst uns anderen dienen,
weil sie es verdienen!"

7. Oktober

Jetzt kommt „Die Qual der Wahl“.
Heute soll der nachfolgende Bibelvers aus Epheser 5 ergänzt werden. Mehrere Möglichkeiten sind vorgegeben. Aber welche stimmen?

„Die Frucht des Licht ist lauter …

- ☐ … Liebe,
- ☐ … Barmherzigkeit,
- ☐ … Güte,
- ☐ … Freude,
- ☐ … Geduld,
- ☐ … Treue,
- ☐ … Gerechtigkeit,
- ☐ … Wahrheit.“

„Das ist wahr:
Weil Gott gut und gerecht ist,
ist uns ein Licht aufgegangen!“

8. Oktober

In diesem „Pyramidenrätsel" werden stufenweise neue Buchstaben hinzugefügt und umgestellt, sodass auf diese Weise immer wieder andere Wörter entstehen. Die Fragen zu den Bibeltexten helfen dabei, die Begriffe zu finden.

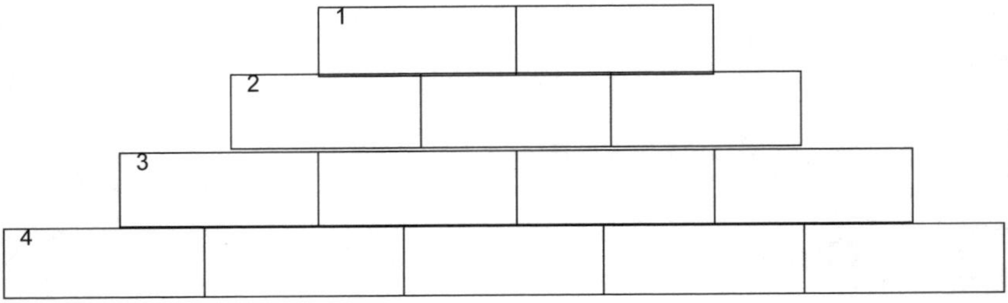

1 Eine königliche Stadt im Land Kanaan. (1. Mose 12,8)

2 Der Sohn des Ikkesch und ein Held Davids. (2. Samuel 23,26)

3 Ein Brunnen nördlich von Hebron. (2. Samuel 3,26)

4 Der Enkel von Ussiel. (1. Chronik 24,24)

***„Wenn unser Glaube
keine Klagen zulässt,
wird der Glaube kläglich!"***

9. Oktober

Heute gibt es „Nimm drei".
Es gilt, die folgenden drei Bibelverse zu ergänzen – mit einem Wort, das aus den Buchstaben „A H M L" besteht. Außerdem ist herauszufinden, von wem in den jeweiligen Versen die Rede ist.

„Und er schlief wieder ein, und ihm träumte abermals und er sah, dass sieben Ähren aus einem __________ wuchsen, voll und dick." (Mose 41,5)

____

„Desgleichen auch den Kelch nach dem ________________ und sprach: Dieser Kelch ist der neue Bund in meinem Blut, das für euch vergossen wird!" (Lukas 22,20)

____

„Der König sprach: Ist da noch jemand vom Hause Sauls, damit ich Gottes Barmherzigkeit an ihm tue? Ziba sprach zum König: Es ist noch ein Sohn Jonatans da, _______________ an den Füßen." (2. Samuel 9,3)

____

„Gottes Fürsorge
erspart uns so manche Vorsorge!"

10. Oktober

Heute ist „Such-Worte“ dran.
Hier werden fünf andere Namen biblischer Personen im Wort „Daniel“ gesucht. Dabei muss nicht jeder, aber darf jeder Buchstabe nur einmal pro Name vewendet werden.

____________________, ____________________,

____________________, ____________________,

____

„In der Löwengrube
grub Gott den Löwen das Grab!“

11. Oktober

Heute wird „Außenseiter" gespielt.
Bei den folgenden Antworten ist immer jeweils eine dabei, die nicht zu den anderen passt. Die Anfangsbuchstaben dieser „falschen" Wörter ergeben – von oben nach unten gelesen – einen der zwölf Jünger Jesu.

Abraham – Josef – Isaak – Jakob ☐

Hagel – Erstgeburt – Finsternis – Ameisen ☐

Kolosser – Joel – Amos – Maleachi ☐

Kleidung – Schuhe – Obstkuchen – Siegelring ☐

Judas – Bartimäus – Johannes – Andreas ☐

Samaria – Unna – Kapernaum – Ninive ☐

Liebe – Hoffnung – Sanftmut – Glaube ☐

„Gott sei Dank:
Er hat keine leeren Lehren!"

12. Oktober

Heute wird „Wortwechsel" gespielt.
Der Ort „Seir" ist vorgegeben. Nun muss ein Buchstabe ausgetauscht werden, damit ein neues Wort entsteht. Um den richtigen Pfad zu finden, sind rechts Bibelstellen angegeben, in denen das jeweilige Wort vorkommt.
Übrigens: Am Ende entsteht wieder ein Ort, der in der Bibel erwähnt wird.

SEIR

_____	Römer 8,9
_____	Lukas 1,37
_____	1. Mose 4,3
_____	

„Auch wenn es bei uns zum Wortwechsel oder Ortswechsel kommt, ist Gott mit uns!"

13. Oktober

„Die Bibel ist ein Buch, mit dessen Wahrheit wir immer rechnen können!“

Heute wird insofern gerechnet. Aber hier gilt nicht:
Punktrechnung geht vor Strichrechnung.

Wie viele Bücher hat die Bibel insgesamt?	___
	-
Wie viele Bücher gehören ins Neue Testament?	___
	x
Wie viele Evangelien gibt es?	___
	:
Wie viele kleine Propheten enthält die Bibel?	___
	+
Wie viele Kapitel hat das Johannesevangelium?	___
	-
Wie viele Verse gibt es im Philemonbrief?	___
	=

14. Oktober

„Die Taufe ist für jeden eine taufrische Angelegenheit!“

Ein begeisterter Eunuch,
der den Retter Jesus sucht,
kauft sich ein Jesaja-Buch.

Zuvor war er in Gottes Stadt.
Er suchte dort vergeblich Rat,
weil er so viele Fragen hat.

Nun liest er auf der Rücktour drin,
doch ohne jeglichen Gewinn,
denn er versteht nicht viel vom Sinn.

Da hat Gott Philippus gesandt.
Er verkündigt ihm mit viel Verstand,
dass Jesus starb und auferstand.

Er sieht: „Ich bin mit Blut erkauft!“
So hat ihn Philippus gleich darauf,
in einem kleinen See getauft.

Als Gottes Kind läuft dieser Mann
nun weiter fröhlich seine Bahn,
weil er an Jesus glauben kann!

Frage:
Wo wohnt der Eunuch eigentlich und welchen Beruf übt er aus?

15. Oktober

Heute gibt es wieder „Aus zwei mach eins".
In Reimform sind nachstehend jeweils zwei Begriffe beschrieben, die erraten und hinterher zu einem zusammengesetzten Wort gemacht werden sollen.

1.

„Kirche ist ein andres Wort
für diesen heilgen Ort,
wo Menschen immer wieder gern
loben und preisen ihren Herrn."

____

2.

„Sie ist auch das Kind der Eltern –
manchmal jünger, manchmal älter.
Sie wohnt oft lang im selben Zimmer
und bleibt verwandt mit einem – immer."

____

Wie heißt nun das zusammengesetzte Wort?

____

***„Auch wenn Menschen
uns oft etwas versprechen ... –
von Gott können wir uns
wirklich etwas versprechen!"***

16. Oktober

Heute gibt es ein „Doppelzählrätsel".
Dazu sind verschiedene Bibelstellen angegeben, wobei ein gewisser Buchstabe eines bestimmten Wortes daraus abgezählt und verwendet werden soll, damit ein Wort – der Name eines gottfürchtigen heidnischen Hauptmanns aus der Apostel-geschichte – herauskommt.

1. Buchstabe des **1.** Wortes aus Jesaja 49,15 __

2. Buchstabe des **15.** Wortes aus 5. Mose 1,28 __

3. Buchstabe des **6.** Wortes aus Prediger 2,3 __

6. Buchstabe des **5.** Wortes aus Hesekiel 48,30 __

4. Buchstabe des **4.** Wortes aus Matthäus 7,21 __

7. Buchstabe des **19.** Wortes aus Markus 1,15 __

5. Buchstabe des **18.** Wortes aus Römer 14,17 __

8. Buchstabe des **4.** Wortes aus Hebräer 7,11 __

9. Buchstabe des **5.** Wortes aus Offenbarung 7,5 __

„Manchmal haben wir Christen
eine Heidenangst –
vielleicht sogar vor Heiden Angst!"

17. Oktober

Jetzt herrscht „Tohuwabohu“.
Welche Wörter aus dem nachfolgenden Bibeltext aus Römer 12,9-18 sind vertauscht?

9 Die Liebe sei ohne Falsch. Hasst das Böse,
hängt dem Guten an. 10 Einer komme dem andern
mit Ehrerbietung zuvor. Die brüderliche Liebe
untereinander sei herzlich. 11 Seid nicht träge in
dem, was ihr tun sollt. Seid brennend im Geist.
Dient dem Herrn. 12 Seid fröhlich in Hoffnung,
geduldig in Trübsal, beharrlich im Gebet. 13 Nehmt
euch der Nöte der Heiligen an. Übt
Gastfreundschaft. 14 Segnet, die euch verfolgen;
segnet, und flucht nicht. 15 Freut euch mit den
Fröhlichen und weint mit den Weinenden. 16
Trachtet nicht nach hohen Dingen, sondern haltet
euch herunter zu den geringen. Haltet euch nicht
selbst für klug. Seid eines Sinnes untereinander. 17
Vergeltet niemandem Böses mit Bösem. Seid auf
Gutes bedacht gegenüber jedermann. 18 Ist's
möglich, soviel an euch liegt, so habt mit allen
Menschen Frieden.

„Hand aufs Herz:
Wenn wir Hand anlegen, lacht das Herz (des anderen)!“

18. Oktober

Im heutigen „Zickzack“ gilt es, mit einem Kreis zu beginnen, in dem der neunzehnte Buchstabe des Alphabets steht, um dann Zug um Zug den Verbindungslinien zu folgen, damit ein Ausspruch Jesu entsteht, den - mitunter die Ehebrecherin - von ihm gehört hat.

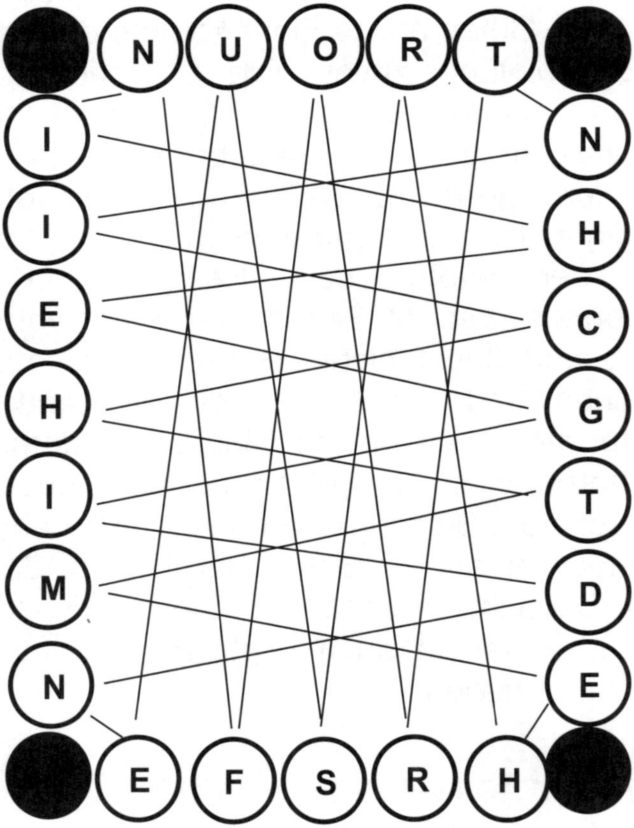

„Verlasst die faden alten Pfade!“

19. Oktober

Heute ist ein „Verwandlungsrätsel“ dran.
Es soll aus jedem der folgenden Wörter wieder ein Buchstabe gestrichen werden, sodass die übrig gebliebenen Wortteile einen Bibelvers aus Johannes 8 ergeben.

„WERT MUNTER KEUCH
BOHNE STÜNDE MIST,
ODER WERFEN EDEN
BERSTEN STEINE LAUF SIEB.“

____

____

____

„Weil wir selbst immer wieder
Böses anrichten,
können wir andere herrichten
anstatt hinrichten!“

Beim „Schreiben nach Zahlen“ wiederholen sich im folgenden Bibeltext aus Hesekiel 18 fünf Wörter immer wieder. Es gilt heute, sie herauszufinden und den vorgegebenen Zahlen zuzuordnen, damit sich der gewünschte Sinn ergibt.

„Und des Herrn Wort geschah zu mir: Was habt ihr ❷ ❹ im Lande ❸ für ein ❶: ❺ Väter haben saure Trauben gegessen, aber den Kindern sind ❺ Zähne davon stumpf geworden? So wahr ich lebe, spricht Gott der Herr: Dies ❶ soll nicht mehr ❷ ❹ umgehen in ❸.“ (Hesekiel 18, 1-3)

________ = 1, ________ = 2, ______ = 3,

_______ = 4, _______ = 5

„Wir müssen die Suppe, die uns unsere Sippe eingebrockt hat, nicht auslöffeln!“

21. Oktober

Heute gibt es eine „Schnipseljagd“.
Der Bibelvers aus Johannes 3,16 will gleich richtig zusammengelegt werden. Wie heißt er genau?

1 dass er seinen eingeborenen Sohn gab,

6 „Denn also hat Gott

2 damit alle,

3 die an ihn glauben,

4 die Welt geliebt,

5 nicht verloren werden,

7 sondern das ewige Leben haben.

„Er löst Probleme,
indem er uns liebt und erlöst!“

22. Oktober

Hier ist ein "Verwandlungsrätsel".
Bei den folgenden Wörtern ist jeweils der erste Buchstabe gegen einen anderen auszutauschen, sodass Wörter neuer Bedeu-tungen entstehen. Richtig gelöst ergibt der Satz eine Aussage, die Josef in 1. Mose 50 fällt.

„UHR BEDACHTET
AS LÖSE HIT WIR DU SACHEN,
OBER POTT BEDACHTE AS HUT TU LACHEN."

____

____

____

***„Hinter den vielen Geschichten,
die wir mit Menschen erleben,
steckt die Geschichte,
die Gott mit uns schreibt!"***

23. Oktober

Die heutige „Buchstabenkiste“ enthält wieder ein Kuddelmuddel. Es gilt, einfach die Zahlenpaare mit einer geraden Linie zu verbinden, damit alle Buchstaben, die nicht ausgestrichen sind, einen Bibelvers aus 1. Johannes 3 ergeben.

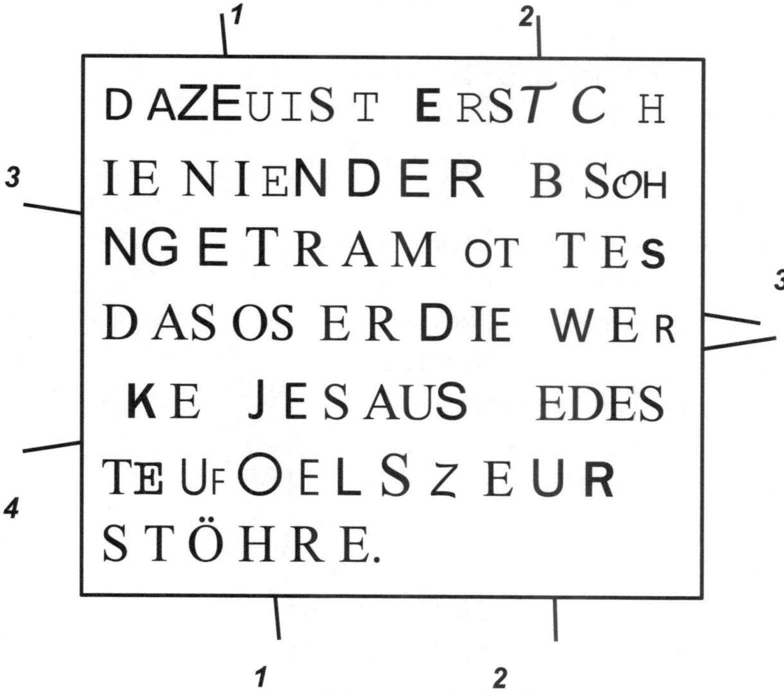

„Wenn Dich der Teufel an Deine Vergangenheit erinnert, erinnere Du ihn an seine Zukunft!“

„Wir vergeben uns nichts, wenn wir einander vergeben!“

Er hatte sein Leben total verbockt.
Das Ziel verfehlt, vielleicht gezockt.
Nun litt er unter seiner Schuld
und hoffte auf Gnade und Geduld.
Und Jesus hatte ihm alles vergeben
verschenkte sogar das eigene Leben.
Der Mann darauf war hocherfreut,
genoss die Liebe und Freigiebigkeit.
Danach nervte er den permanent,
der ihm schuldete ein paar Cent.
Er würgte ihn, machte ihn nieder,
hatte kein Mitleid, forderte wieder.
Als Gott das sah, bekam er Wut.
Er fand dies Handeln gar nicht gut!
Die Güte und Gunst waren nun vertan;
er hing ihm die Schulden wieder an.
Und nun die Moral von der Geschicht‘:
Nachtragend sein, das lohnt sich nicht!
Nur wenn wir mit andern versöhnlich sind,
wird Gott uns annehmen als sein Kind!

Frage:
Wie viele Silbergroschen schuldete der Mensch seinem Herrn, und wie viele Silbergroschen forderte er von seinem Mitmenschen in der Geschichte aus Matthäus 18,21-35?

„Wenn wir uns gedanklich von der Not abwenden, werden wir Gottes Zuwendung erleben!“

Demzufolge ist es wichtig, im „Satzsalat“ die folgenden beiden Bibelverse aus Jesaja 43 richtig umzustellen.
Kleiner Tipp: Die Satzzeichen sind zum Teil nachträglich eingefügt.

Gedenkt nicht der Einöde
und siehe nicht an der Wüste.
Achtet auf einen Weg in Wasserströme.
Denn das mache ich jetzt nicht.
Ich will das ihr's Frühere erkennt
und auf ein Neues Vorige schaffen.
Denn es wächst in.

____

____

26. Oktober

Heute gibt es „Die Qual der Wahl".
Nun sollen die nachfolgenden Bibelverse aus Psalm 103 ergänzt werden. Mehrere Möglichkeiten sind vorgegeben. Aber welche stimmen?

„Lobe den HERRN, meine Seele, und was in mir ist, seinen heiligen Namen! Lobe den HERRN, meine Seele, und vergiss nicht, was er dir Gutes getan hat:

- ☐ der dir alle deine Sünde vergibt
- ☐ und heilet alle deine Gebrechen,
- ☐ der dich mit Frieden erfüllt,
- ☐ der dein Leben vom Verderben erlöst,
- ☐ der dich mit Güte segnet,
- ☐ der dich krönet mit Gnade und Barmherzigkeit,
- ☐ der dir ein langes Leben schenkt
- ☐ der deinen Mund fröhlich macht
- ☐ und du wieder jung wirst wie ein Adler."

„Gott hat uns so reich beschenkt, dass wir ihn reichlich loben können!"

27. Oktober

Heute gibt es ein „Verspuzzle“.
In den Kästchen ist ein Bibelvers aus Philipper 3 auseinandergenommen und muss wieder zusammengesetzt werden. Wie heißt er?

1 vorgesteckten	2 jage	3 da
4 mich	5 ist,	6 Christus
7 Berufung	8 was	9 nach
10 Jesus.“	11 „Ich	12 Ziel,
13 dem,	14 nach	15 in
16 dem	17 vorne	18 dahinten
19 strecke	20 Siegespreis	21 und
22 Gottes	23 vergesse,	24 aus
25 was	26 der	27 dem
28 ist,	29 himmlischen	30 und

____

____

____

„Gott hat uns nicht
dem Tod preisgegeben;
er will uns
den Siegespreis geben!“

28. Oktober

Hier kommt ein „Schüttelshake“.
Dabei geht es um einen Bibeltext aus Epheser 3. Alle Wörter sind vorgegeben. Manche müssen nur noch so umgestellt werden, dass neue Begriffe anderer Bedeutungen entstehen und in den Kontext passen.

„Deshalb beuge ich einem Kein vor dem Vater, der der echter Vater ist rübe alles, was da Kinder heißt im Himmel und auf Deren, dass er euch Kraft gebe nach dem Reichtum seiner Herrlichkeit, skart zu wender durch niesen Siegt an dem inwendigen Menschen, dass Christus durch den Glauben in neuer Zehren wohne und ihr in der Beile eingewurzelt und gedüngter dies. So könnt ihr tim allen Heiligen freigeben, wechsel die Bereit und die Nägel und die Höhe und die Tiefe ist, auch die Beeil Christi erkennen, die alle Erkenntnis übertrifft, damit ihr erfüllt werdet mit der zangen Gottesfülle. Dem rabe, der überschwänglich tun kann über alles hinaus, was wir bitten rode verstehen, nach der Kraft, die in uns wirkt, dem eis Rehe in der Gemieden und in Christus Jesus zu aller Zeit, von Ewigkeit zu Ewigkeit! Name.“

„Vor Gott können wir uns gut und gern (ver)beugen!“

29. Oktober

Heute gibt es einen „Lückenbüßer".
Es wird eine Aufforderung Jesu gesucht, die Folgendes deutlich macht:

„Nur wenn wir uns bewegen, bewegt sich etwas!"

_ _ _ (_) _ _ _ !

Folgende Buchstaben sind einrmal oder doppelt vorhanden:

E	G	H	I	N	T

30. Oktober

Im heutigen „Füllrätsel“ sollen die folgenden Wörter in die vorgegeben Kästchen richtig eingetragen werden, die den Bibelvers aus Lukas 5,31 ergeben. Wie heißt er richtig?

zu, bedürfen, des, und, die, Jesus,
antwortete, ihnen, die, und, Gesunden,
Arztes, nicht, sondern, Kranken, sprach

„Der Gegensatz von Sünder kann auch Gesünder heißen!“

31. Oktober

Im heutigen „Formenpuzzle“ wird ein Zitat von Martin Luther gesucht. Die Teile sind so zu sortieren, dass der Inhalt den gewünschten Sinn ergibt.
Dieser Spruch drückt – mit anderen Worten – aus:

„Egal, was wir (uns) leisten: Unsere Leistungen retten uns nicht!“

1 durch

2 die

3 Allein

4 allein

5 durch

6 Gnade.

7 Glauben.

8 den

1. November

Hier ist wieder ein „Verbindungsrätsel".
Dabei geht es um einen Bibelvers aus Psalm 23 und einen aus Johannes 10, die ordentlich durcheinandergebracht worden sind. Beide verbinden die Wörter im Mittelkreis, die in den Außenkreisen mit einsortiert werden wollen. Wie heißen die Bibelstellen richtig?

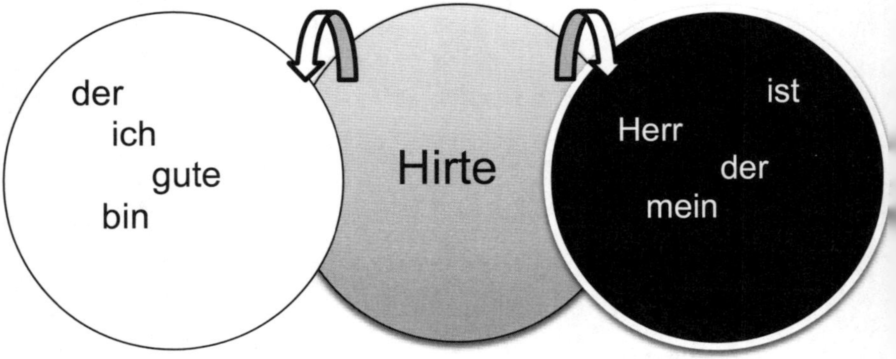

1. ____
   ____

2. ____
   ____

„Gerade in den Tälern können wir uns in Gott bergen!"

2. November

Die Zahl 40 hat in der Bibel eine große Bedeutung. Sie steht für eine Zeit, in der sich das Leben durch die Begegnung mit Gott verändert. Vierzig ist die Zahl der vollen Reife, der Prüfung und Erziehung.
In der Bibel gibt es immer wieder Geschichte, in denen die Zahl 40 eine Rolle spielt. Welche Personen sind den nachstehenden Bibelstellen zuzuordnen?

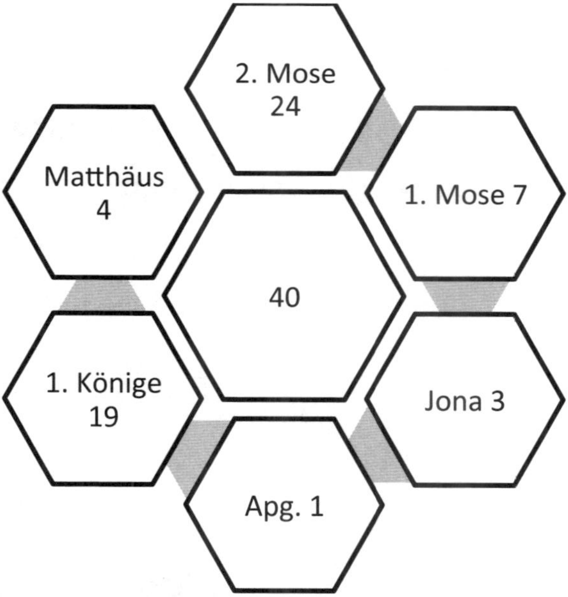

__________, __________, __________, __________, __________, __________,

„Wüstenzeiten sind wüste Zeiten!"

3. November

Nun ist ein „Lückenfüller“ dran.
Dabei gilt es, aus den folgenden Wörten neue Begriffe anderer Bedeutungen zu machen, sie zu sortieren und in den Bibelvers aus 2. Korinther 3 einzufügen:

FALTEN, REUE, NORDENS, FIBER, NIE, DIES, TEINT, ZEHREN, STEIG, DONNERS

„Ist doch offenbar geworden, dass ihr ________ ____________ Christi ___________, durch unsern Dienst zubereitet, geschrieben nicht mit ______________, ______________ mit dem ____________ des lebendigen Gottes, nicht auf steinerne Tafeln, _____________ auf fleischerne ______________, nämlich ______________ _________________.“

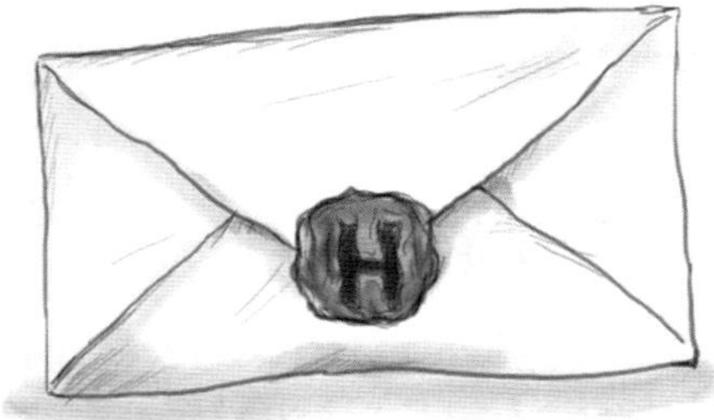

„Ich gebe Dir Brief und Siegel darauf: In Dir wird gelesen!“

4. November

Heute gibt es wieder ein „Schlangenrätsel".
Die gesuchten Wörter beginnen alle „L". Die Buchstaben am Ende ergeben von oben nach unten ein bekanntes Wort – etwas, womit Gott uns gern erfüllt.

1. ______________________________
Wie heißt der Bruder von Maria und Martha?

2. ______________________________
Was weissagen die Propheten (Jeremia 5,31)?

3. ______________________________
Was ist der Herr für Mose (2.Mose 15,2)?

4. ______________________________
Was ist das Wort für meinen Fuß? (Psalm 119,105)

5. ______________________________
Was soll Gott David auftun? (Psalm 51,17)

„Gottes größten Segen
erleben wir ganz besonders,
wenn wir auf die kleinen Dinge achten!"

5. November

Bernhard von Clairvaux hat an Papst Eugen III einmal den folgenden Brief geschrieben.

„Wo soll ich anfangen? Am besten bei deinen zahlreichen Beschäftigungen. Denn ihretwegen habe ich am meisten Mitleid mit dir. Ich fürchte, dass du, eingekeilt in deine zahlreichen Beschäftigungen keinen Ausweg mehr siehst und deshalb deine Stirn verhärtest. Dass du dich nach und nach des Gespürs für einen durchaus richtigen und heilsamen Schmerz entledigst. Es ist viel klüger, du entziehst dich von Zeit zu Zeit deinen Beschäftigungen, als dass sie dich ziehen und dich nach und nach an einen Punkt führen, an dem du nicht landen willst. Du fragst an welchen Punkt. An den Punkt, wo das Herz hart wird. Wenn also alle Menschen ein Recht auf dich haben, dann sei auch du selbst ein Mensch, der ein Recht auf sich selbst hat. Warum solltest einzig du selbst nichts von dir haben? Wie lange noch schenkst du allen anderen deine Aufmerksamkeit nur nicht dir selbst. Wer aber mit sich selbst schlecht umgeht, wem kann er gut sein? Denke also daran: Gönne dich dir selbst. Ich sage nicht, tu das immer, ich sage nicht, tu das oft, aber ich sage, tu das immer wieder einmal: Sei wie für alle anderen auch für dich selbst da, oder jedenfalls sei es nach allen anderen."

Wie kann demnach der folgende Spruch ergänzt werden?

„Ungenießbar wird, wer das Leben nicht mehr ______________ kann!"

„Die Wahrheit macht frei, und die Freiheit ist endlich wahr geworden!“

Jetzt gibt es den „Einsatz“.
Heute sind drei Glaubensaussagen in dem Text aus Johannes 8,30-36 zu entdecken. Die fettgedruckten Wörter sollen eine kleine Hilfe sein und müssen geordnet werden. Jedes Wort kann nur einmal verwendet werden.

„Als er das sagte, glaubten viele an ihn. Da sprach nun **Jesus** zu den Juden, die an ihn glaubten: Wenn ihr bleiben werdet an meinem Wort, so seid ihr wahrhaftig meine Jünger und werdet **die** Wahrheit erkennen, **und** die **Wahrheit** wird euch frei machen. Da antworteten sie ihm: **Wir** sind Abrahams **Kinder** und **sind niemals** jemandes **Knecht** gewesen. Wie sprichst du dann: Ihr sollt **frei** werden? Jesus antwortete ihnen und sprach: Wahrlich, wahrlich, ich sage euch: Wer Sünde tut, der **ist** der Sünde Knecht. Der Knecht bleibt nicht ewig im Haus; **der** Sohn bleibt ewig. Wenn euch nun der **Sohn** frei **macht**, so seid ihr **wirklich** frei.“

7. November

Heute gibt es ein „Paarrätsel“.
Hinter einem Ortsbegriff und einem Personennamen verbirgt sich immer ein und dasselbe Wort. Aber welches?

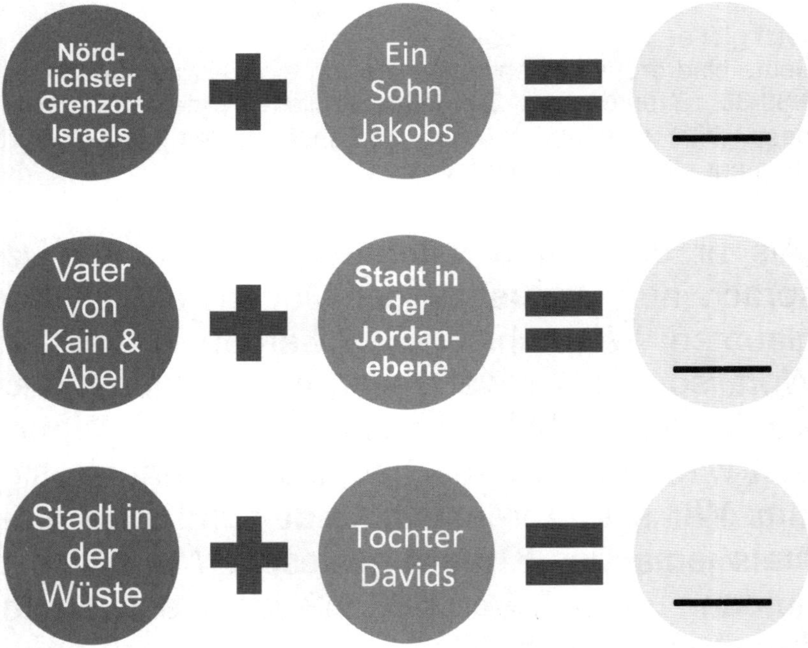

„Das Kreuz ist das Plus zum Leben!“

8. November

Hier kommt „Schreiben nach Zahlen".
In den folgenden Bibelversen aus Johannes 4 wiederholen sich Wörter immer wieder. Es gilt heute, sie herauszufinden und den vorgegebenen Zahlen zuzuordnen, damit sich der gewünschte Sinn ergibt.

„Die Frau ❶ ❷ ❹ ❸ ihm:
❻ habe keinen Mann. ❺ spricht ❸ ihr: Du hast recht geantwortet: ❻ habe keinen Mann. Fünf Männer hast du gehabt, ❷ der, ❽ du jetzt hast, ist ❾ dein Mann; ❼ hast du recht gesagt."

„ ❺ ❶ ❷ ❹ ❸ ihr:
Wer von diesem Wasser trinkt, ❽ wird wieder dürsten; wer aber von dem Wasser trinken wird, ❼ ❻ ihm gebe, ❽ wird in Ewigkeit ❾ dürsten, sondern ❼ Wasser, ❼ ❻ ihm geben werde, ❼ wird in ihm eine Quelle des Wassers werden, ❼ in ❼ ewige Leben quillt."

_______ = 1, ________ = 2, _________ = 3, _______ = 4,

______ = 5, ______ = 6, _______ = 7, ______ = 8, ______ = 9

„Beziehungswaisen sollen Beziehungsweise werden!"

9. November

Nun ist ein „Kästchenpuzzle“ dran.
Ein Bibelvers aus Jesaja 58 wird gesucht. Alle Wörter sind vorgegeben. Sie müssen nur in der richtigen Reihenfolge unten eingetragen werden und in den Kontext passen.

Brot, Elend, ohne, führe, ins, brich, dem, und, die, im, Hungrigen, dein, Haus, wenn, Obdach, sind, du, einen, kleide, Fleisch, und, nackt, ihn, und, entzieh, dich, nicht, deinem, siehst, so, Blut

„□□□□□ □□□ □□□□□□□□□

□□□□ □□□□, □□□ □□□

□□ □□□□□ □□□□ □□□□□□

□□□□, □□□□□ □□□ □□□□!

□□□□ □□ □□□□□ □□□□□

□□□□□□, □□ □□□□□□ □□□,

□□□ □□□□□□□ □□□□ □□□□□

□□□□□□ □□□□□□□ □□□

□□□□.“

„Wenn Gott sagt: ‚Geht, segnet!‘, dann werden wir selbst gesegnet!“

10. November

Heute gibt es eine „Wortsuche“.
Der bestimmte Begriff, der gefunden werden soll, besteht aus zehn Buchstaben und ist kein deutsches Wort. Es kommt aus dem Altgriechischen. Dennoch ist es bekannt – vor allem in christlichen Kreisen, aber auch im säkularen Bereich.
Ach, übrigens: Der Begriff bedeutet übersetzt „gute Nachricht“ oder „frohe Botschaft“.

Im Neuen Testament kommt das Wort einhundertfünfmal vor, im Alten Testament gar nicht. Aber dafür erzählen die ersten Seiten der Bibel von einer Frau, mit deren Vornamen das Wort beginnt.

Wie heißt nun das gesuchte Wort?

„Gottes Wort
ist keine Drohbotschaft,
sondern eine Frohbotschaft!“

11. November

Heute kommt ein „Zahlenvers“ dran.
Dabei gilt es wieder, aus Zahlen Wörter zu erraten. Der Bibelvers, der dabei gesucht wird, erklärt Folgendes:

„Jesus heißt alle willkommen; wer will kommen?!“

- 15 5 11 ________
- 17 6 ________
- 10 13 11 ________
- 12 14 10 10 8 ________
- 9 5 16 ________
- 15 5 11 9 5 ________
- 13 2 7 ________
- 16 13 2 7 8 ________
- 7 13 16 3 6 4 4 8 14 1 5 16 ________

A		D	E		I		M	N			S	ß			W	
3	2	9	5	7	13	12	10	16	14	11	4	1	8	6	15	17

12. November

Wo sind die 7 Fehler versteckt?

„Darum, wer meine Rede hört und tut sie, der gleicht einem schlauen Mann, der sein Haus auf Fels baute. Als nun ein Platzregen fiel und die Wasser kamen und die Winde wehten und stießen an das Haus, fiel es doch nicht ein; denn es war auf Fels gegründet. Und wer diese Rede hört und tut sie nicht, der gleicht einem törichten Mann, der sein Haus auf Strand baute. Als nun ein Platzregen fiel und die Wasser kamen und die Winde wehten und stießen an das Haus, da fiel es ein und sein Faul war groß. Und es begab sich, als Jesus diese Rede vollendet hatte, dass sich das Volk entsetzte über seine Lehre; denn er belehrte sie mit Vollmacht und nicht wie die Schriftgelehrten.“

„Auf Gott können wir Häuser bauen!“

13. November

Beim „Hoppla hopp“ ist wieder von Feld zu Feld zu springen – wie mit einem Springer beim Schach. Das Pferd springt gerade-schräg beziehungsweise schräg-gerade auf das übernächste Feld, um die folgende Position zu erreichen. Begonnen wird mit dem Feld, wo ein Stern zu finden ist, um einen Bibelvers aus 1. Mose 1 zu finden, der Folgendes deutlich macht:

„Weil Gott uns gemacht hat, sind wir gemachte Leute!“

SCHEN	UND	DE	IHN	DEN
GOT	UND	MEN	MANN	BIL
BIL	ZU	FRAU	SCHUF	ER
SCHUF	TES	NEM	ZUM	ALS
SEI	DE	SIE	SCHUF	*GOTT

____

____

____

14. November

Heute wird gefrühstückt. Welche Lebensmittel, die in der Bibel zu finden sind, stecken hinter diesem „Wortsalat“?

MICHL ____________

TROB ____________

GNOHI ____________

IREE ____________

WERASS ____________

BRETUT ____________

WIEN ____________

ZSAL ____________

BRAUTEN ____________

SICHF ____________

„Durch Gottes Wort kommen wir auf den Geschmack, wissensdurstig zu bleiben!“

15. November

Heute ist ein „Verwandlungsrätsel“ an der Reihe.
Es soll aus jedem der folgenden Wörter ein Buchstabe gestrichen werden, sodass die übrig gebliebenen Wortteile einen Bibelvers aus Johannes 8 ergeben.

„WERK SÜNDER TAUT,
DERB BIST ODER
STÜNDE KNECHTE.“

____

____

____

***„Wenn wir Gott los sind,
sind wir gottlos!“***

16. November

Hier geht es um ein „Mottorätsel".
In den Namen der Personen, die gesucht werden sollen, stecken jeweils die Buchstaben „A" und „O". Doch wer verbirgt sich wohinter?

1	O		A
2 A		O	
3	O	A	
4 A		O	
5	O	A	
6 A		O	
7	O	A	

1 Ein Prophet, der nach Ninive anstatt nach Tarsis gehen sollte, um den Menschen Gottes Gericht anzukündigen.
2 Ein Prophet, der zum Beispiel sagte: „Suchet mich, so werdet ihr leben."
3 Er baute die Arche.
4 Ein König von Juda.
5 Zweiter Ehemann von Rut.
6 Der Vater des Propheten Jesajas.
7 Ein Sohn von Lot.

„Nicht nur Jesus, sondern auch seine Botschaft ist das A und O!"

17. November

Heute wird „Streiche“ gespielt.
Aus dem nachstehenden Riesenwort „Anbetungslieder“ sollen dabei die Ergebnisse der folgenden Aufgaben von links nach rechts weggestrichen werden, sodass ein einziges Wort übrig bleibt.

ANBETUNGSLIEDER

1. Streiche den 4. und 5. Buchstaben des Bibelbuches, das vor der Apostelgeschichte steht.
2. Streiche die letzten drei Buchstaben des 5. Wortes, das in 1. Korinther 13,13 steht.
3. Wie hieß Paulus vor seiner Bekehrung? Streiche den ersten Buchstaben jenes Namens.
4. Wie wird in der Bibel ein Mensch genannt, der zur Gemeinde gehört? (Schlage dazu zum Beispiel Römer 12,5 auf.) Streiche alle Buchstaben - bis auf den ersten.

„Weil Jesu Opfer nicht preiswert war, ist er unseren Lobpreis wert!“

18. November

Jetzt kommt ein „Abzählrätsel“.
Dabei gebe ich wieder etwas Persönliches von mir preis, womit ich meinen Gott preisen möchte.
Wer allerdings immer nur das achte Wort des kurzen Textes liest und beim ersten beginnt, entdeckt einen altbekannten Bibelvers aus dem 1. Mose-Buch, dessen Inhalt ich an dieser Stelle auch bekennen möchte.

Ich wollte immer alles selbst schaffen, nun aber lasse ich mich los. Ich will mich an dich verlieren. Du trägst mich und enttäuschst mich nicht. Mein geliebter Retter, mein bester Freund bist du. Wenn ich darauf vertraue, dass du wirkst, segnest du mich. Jeder merkt, dass du durch mich handelst. Dies Tun ist von anderer Qualität. Denn das habe ich schon erlebt!

„Wer mit Gott ringt,
kann Siege erringen!“

Im heutigen „Schüttelrätsel“ gilt es, die vorgegebenen Wörter so umzustellen, dass neue Begriffe anderer Bedeutungen entstehen. Die neuen Wörter sind andere Bezeichnungen für unseren Gott.

Z	A	R	T				
R	U	F	E	N	D		
R	A	N	K	E			
N	E	B	E	L			
T	R	E	T	E	R		
F	E	H	L	E	R		
B	E	R	G	E			
G	E	T	R	I	E	B	E

„Unser Gott ist so allumfassend, dass das für alle so unfassbar ist!“

20. November

Heute gilt es, ein „kodiertes Kreuzworträtsel“ zu lösen.
Hinter jeder Zahl steht ein bestimmter Buchstabe, sodass Wörter in Erscheinung treten, die in der Geschichte von der Speisung der Fünftausend vorkommen.
Als kleine Hilfe ist ein Wort vorgegeben.

	4	20	13	4	18	5	19	17	2	13	1
10				9		12		16			9
24	1	2		17	2	18	23	2	13		2
15				7				9		2	17
3 **B**	15 **R**	5 **A**	7 **C**	8 **H**		11	2	17	19	17	
2				2		20		19		17	
		8			5	13		13		2	
23	22	24	12	4		6	2	6	2	13	1
22		15				2			15		5
2		2		2	8	15	2				13
9	8	15	2	15				21	14	12	10

„Jesus macht uns nicht nur satt, sondern auch hungrig – nach wahrem Leben!“

21. November

Nun ist ein „Mottorätsel“ dran.
Im Prinzip werden heute wieder nur drei Buchstaben gesucht, die jeweils in die freien Kästchen passen und die gesuchten Wörter ergeben. Als kleine Hilfe können auch die Fragen beantwortet werden.

1			R	E	N			
2			S					
3			S	T				
4			D					
5			D	R	I	G	E	R
6			Z	I	G	E		

[1] Was prüft Gott nach Psalm 7,10 – Herzen und …?
[2] Was wünscht sich Jesus nach Johannes 17,11 – dass sie … sind?
[3] In Psalm 89,50 wird gefragt: „Herr, wo ist deine Gnade von …“?
[4] Aus welchem Motiv wurde Jesus nach Matthäus 17,18 überantwortet?
[5] In Psalm 8 steht, dass Gott den Menschen ein wenig … gemacht hat als ihn.
[6] In Lukas 8,42 heißt es, dass die … Tochter von Jairus gestorben war.

„Die Bibel hat nicht nur viele Seiten; sie ist vor allem thematisch vielseitig!“

22. November

Heute gibt es ein „Silbenrätsel".
Der gesuchte Bibelvers aus Psalm 90 verdeutlicht:

„Das Sterben vor Augen zu haben, gibt dem Leben Weitsicht!"

wir	be	sen,
klug	den."	ster
müs	dass	re
„Leh	ben	auf
den	wir	ken
dass	uns	wer

____

____

____

23. November

Beim „Lückenfüller" gilt es, in den Text „Mit weitem Horizont" von Birgit Dörnen die fehlenden Wörter zu sortieren und zu ergänzen:

Größe, Freude, Augen, Beten,
Menschen, Liebe, Vertrauen

Großer Gott und Vater,
lehre mich, doch mit deinen ___________ seh'n.
Lass mich niemals hinter meinen engen Grenzen steh'n,
deine Größe, deine Weite spür'n.
Da, wo deine ________ wohnt,
lass mich leben, lass mich sein mit weitem Horizont,
dass deine Liebe hier mein Handeln prägt,
deine _________ meinen Mut bewegt,
deine Allmacht meine Grenzen sprengt
und mein Glaube weiterdenkt,
dass deine _________ mehr zum Klingen bringt,
meine Hoffnung über Mauern springt,
mein ____________ deine Treue schätzt
und mein __________ einen Berg versetzt.
Mach mein Herz für andre ____________ weit,
lass mich werben für die Ewigkeit.
Lass mich leben, wo die Liebe wohnt
und mit weitem Horizont.

„Durch deine Weite,
Herr, sehen und gehen wir weiter!"

24. November

Heute gibt es wieder ein „Flickenpuzzle“.
In den Flicken ist ein Zitat von John Ortberg auseinandergenommen und muss wieder zusammengesetzt werden. Wie heißt es?

1 Aber es dauerte vierzig Jahre,

2 Ägypten aus Israel herauszukriegen.

3 Israel aus Ägypten herauszukriegen.

4 Es dauerte nur eine Nacht,

„Obwohl uns Gott
schon in die Freiheit geführt hat,
sind wir zweifelsfrei
oft noch in uns gefangen!“

25. November

Heute wird „Wortwechsel“ gespielt.
Der Name „Abel“ ist vorgegeben. Nun muss ein Buchstabe ausgetauscht werden, damit ein neues Wort entsteht. Um den richtigen Pfad zu finden, sind rechts Bibelstellen angegeben, in denen das jeweilige Wort vorkommt.
Übrigens: Am Ende entsteht wieder der Name einer Person.

ABEL	
_____	Psalm 27,10
_____	1. Mose 10,24
_____	Hiob 39,14
_____	Rut 2,8
_____	Josua 5,14
_____	Offenbarung 16,3
_____	Prediger 1,16
_____	Jeremia 2,12
_____	Hesekiel 25,8
_____	Richter 17,12
_____	Römer 2,11
_____	

***„Wie gut, dass
unser großer Bruder - Jesus -
für uns sein Opfer brachte!“***

Hier ist ein „ABC-Satzsalat“.
Die Wörter eines Bibelverses aus 2. Korinther 5,16 sind alphabetisch geordnet. Wie heißen sie richtig?

an auch Christus darum dem dem doch Fleisch Fleisch gekannt haben ihn jetzt kennen kennen mehr mehr nach nach nicht niemanden nun so so und von wenn wir wir wir

***„Keiner kann dem Kreuz in die Quere kommen!
Das kann ermutigen, Menschen mit Gottes Augen zu sehen!“***

27. November

Wo wohnen wir eigentlich innerlich? Manchmal sind wir eine Weile in Freudenstadt oder Glücksburg, weil wir zufrieden und fröhlich sind. Aber es gibt dann auch Zeiten im Leben, die schwer und traurig sind. Dann wohnen wir in Finsterwalde oder Bitterfeld. Wir sind enttäuscht worden, haben Angst, müssen manche Schwierigkeiten überwinden, sodass wir Leer oder Zittau ganz genau kennenlernen. Manchmal haben wir uns mit dem Partner gestritten oder sind anderer Meinung, wenn es um Fragen des Glaubens geht. Dann besuchen wir leider Kappeln, obwohl wir so gern nach Friedland reisen würden. Wie gut, dass wir dann auch immer wieder nach Bad Kreuznach gehen können - dem Ort der Vergebung, Versöhnung und des Friedens.
Egal, wo gerade unser innerlicher Standort ist: Wir werden ihn früher oder später wieder verlassen, denn *„wir haben hier keine bleibende Stadt ....“* (Hebräer 13,14) So, wie es jetzt ist, wird es nicht für immer sein. Natürlich, es stimmt schon: Wer nie in Engen war, weiß auch nicht die Schönheit von Freiburg zu schätzen. Aber es kommt der Tag, da werden wir uns nicht mehr nach Seligenstadt sehnen. Denn wir werden uns in der ewigen Stadt vorfinden – da, wo es weder Leid, Not noch Sorgen mehr geben wird. Dort werden wir unserem Herrn Jesus Christus begegnen, der uns ein ewiges Zuhause bei ihm und mit ihm schenken wird. Und das wird mehr als unser Siegen sein!

Im heutigen Rätsel wird – wie man sich denken kann – eine Stadt gesucht. Die folgenden Buchstaben sind der Menge nach angegeben:

A	E	J	L	M	R	S	U
1	2	1	1	1	1	1	1

„Hier ist nicht der richtige Ort für die Ewigkeit!“

28. November

Heute gibt es einen „Silbenwurm“.
Dabei ist der Bibelvers aus Johannes 5 vorgegeben – allerdings nur in Silben, die geordnet und auseinandergelesen werden müssen. Wie heißt der Text richtig?

„LICHWAHRLICHWAHREUCHGEICHSAHÖRT
WERWORTMEINGLAUBTUNDDEMMICHDER
GEHATSANDTHATDERLEDASEBENWIUNDG
ENICHTKOMMTGEINDASRICHTDERNSONIS
TERVOMDETOZUMBENHINLEDURCHGENG
EDRUN.“

„Jesus ist der heruntergekommene Gott, bei dem wir eines Tages im Himmel unterkommen werden!“

29. November

Hier ist wieder ein „Verbindungsrätsel".
Dabei geht es um einen Bibelvers aus Matthäus 5 und einen aus Johannes 8, die ordentlich durcheinandergebracht worden sind. Beide verbinden die Wörter im Mittelkreis, die in den Außenkreisen mit einsortiert werden wollen. Wie heißen die Bibelstellen richtig?

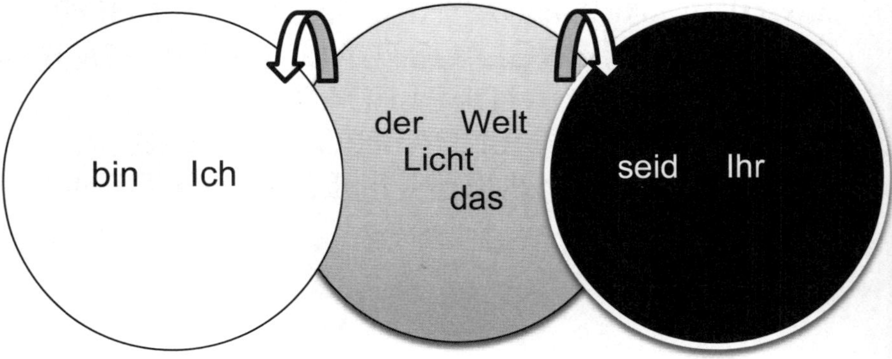

1. ____

____

2. ____

____

„Weil Jesus uns erleuchtet hat, können wir für ihn leuchten!"

30. November

Wer meint, dass Christen immer auf sonnigen Höhen wandeln, sitzt leider auf dem falschen Dampfer. Schon seinen Jüngern will Jesus in der Beziehung den Wind aus den Segeln nehmen. Deshalb lässt er sich von ihnen auf die offene See hinausrudern. (Markus 4,35-41) Kaum hat das Boot vom Ufer abgelegt, da fängt auch schon ein raues Lüftchen an zu wehen. Ohne Zweifel geben die Seemänner ihr Bestes, um dem Unwetter zu trotzen und somit Boot und Leben zu retten. Aber bald steht ihnen das Wasser bis zum Hals, sodass sie in panische Angst geraten, jämmerlich ertrinken zu müssen.

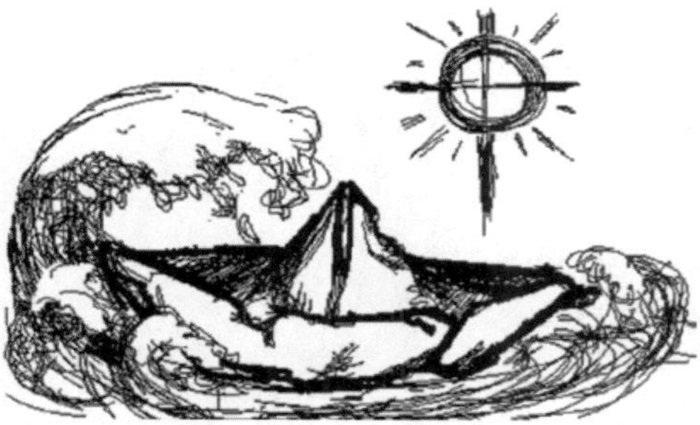

Dennoch behält Jesus den Überblick. Für ihn ist es ein Kinderspiel, die Stürme unseres Lebens in den Griff zu kriegen und uns unversehrt an das jenseitige Ufer zu bringen. Auch wenn die Überfahrt nicht unbedingt leicht werden wird, verspricht er uns eine sichere Ankunft. Denn sein Kommando lautet nicht: „Fahrt auf die Mitte des Sees, um in den Fluten zu versinken!", sondern:

„_ a _ _ _ u _ _ _ _ _ _ _ _ _ f _ _ _ _ _!"

„Wenn Jesus kommt, kommen wir ans Ziel!"

1. Dezember

Im bekannten, schönen Städtchen
warten hübsche, junge Mädchen
auf ihren lieben Bräutigam,
der versprach, er käm' alsdann.

Ihre Sehnsucht ist so groß.
Alle laufen einfach los –
ihrem großen Schatz entgegen…
der Liebe und der Treue wegen.

Fünf von ihnen sind sehr weise.
Sie nehmen Öl mit auf die Reise,
damit die Lampen immer brennen,
und sie den Liebsten nicht verkennen.

Doch dumm sind leider die fünf andern.
Während sie durchs Leben wandern,
haben sie das Öl nicht mit.
Und so halten sie nicht Schritt.

Wer bis zum Schluss im Geiste brennt,
und sich zu Jesus treu bekennt,
den nimmt er sich zu seiner Braut,
mit der er sich auf ewig traut.

Ja, Jesus hat Dich auserwählt,
damit er sich mit Dir vermählt.
Drum: Bleibe dran, sei für ihn licht,
dann verpasst Du ihn auch nicht!

Frage:
Was sagt Jesus den törichten Jungfrauen, nachdem sie Öl kauften?

„Wartezeiten sind Wartungszeiten!"

2. Dezember

In diesem „geschüttelten roten Faden" sind die folgenden Wörter wieder so umzustellen, dass neue Begriffe anderer Bedeutungen entstehen. Beim genaueren Betrachten beschreiben sie diesmal zwei Verse aus Lukas 13, die von der Wiederkunft Jesu berichten.

Tosen – Donner – Düsen –
Stich – Erich – Eid –
Zeltet – Sterne – Eins

_______________, _______________, _______________,

_______________, _______________, _______________,

_______________, _______________, _______________

„Wenn Jesus Christus zurückkommen wird, werden alle zurechtkommen, die auf ihn zukommen!"

3. Dezember

Jetzt wird „Einsatz“ gebraucht.
Hier gilt es, aus dem Bibeltext eine Glaubensaussage zu finden. Die fettgedruckten Wörter dienen als Gedankenanstoß und müssen geordnet werden.

„Wer ist nun der **treue** und kluge Knecht, den **der** Herr **über** seine **Leute** gesetzt hat, damit **er** ihnen zur rechten Zeit zu essen gebe? Selig ist der Knecht, den sein Herr, **wenn** er kommt, das tun sieht. Wahrlich, ich sage euch: Er wird ihn über alle seine **Güter setzen**. Wenn aber jener als ein böser Knecht in seinem Herzen sagt: Mein Herr **kommt** noch lange nicht, und fängt an, **seine** Mitknechte zu schlagen, isst und trinkt mit den Betrunkenen: dann wird der **Herr** dieses Knechts kommen an einem Tage, an dem er's nicht erwartet, und zu einer Stunde, die er nicht kennt, und er **wird** ihn in Stücke hauen lassen und ihm sein Teil geben bei den Heuchlern; da wird sein Heulen und Zähneklappern.“ (Matthäus 24,45-51)

„Der Herr schenkt,
dass wir einst mit ihm herrschen!“

4. Dezember

Die heutige „Buchstabenkiste“ enthält ein Kuddelmuddel. Es gilt, einfach die Zahlenpaare mit einer geraden Linie zu verbinden, damit alle Buchstaben, die nicht ausgestrichen sind, einen Bibelvers aus Maleachi 3 ergeben.

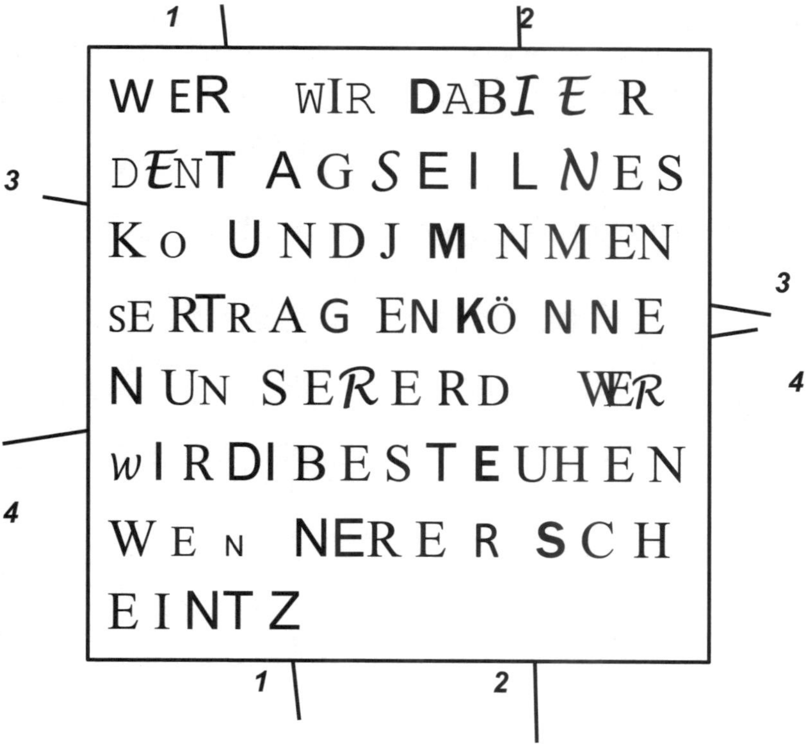

„Ob wir bestehen können,
wenn wir vor Jesus stehen?“

„Er wartet, und wir sind erwartet!“

Nun kommt „Aus eins mach zwei“.
Darum gilt es heute, zwei Bibelstellen auseinanderzunehmen, die das beinhalten. Die eine steht in Offenbarung 3,11 und die andere in Offenbarung 22,20.

„„komme, ich, ja, Jesus, siehe, bald, amen, komm, Herr .‘“

1.

____

2.

____

Bevor ein Kind geboren wird, überlegen sich die Eltern immer, wie es heißen soll. Heutzutage gehen sie häufig nach dem Klang des Namens. Es werden Modenamen ausgesucht. Man nimmt, was einem gefällt. Ich habe neulich gehört, dass ein Paar seine Tochter „Mercedes“ genannt hat, weil es die Automarke so gut findet.

In der Bibel war das anders. Dort wurden ein Sohn in der Regel nach dem Namen des Vaters und die Tochter nach der Mutter benannt.

Ein Mann machte allerdings eine Ausnahme. Er begründete das damit, dass Gott ihm einen anderen Namen für seinen Sohn gesagt hatte. Er schrieb ihn auf eine Tafel, weil er stumm war. Die Leute um ihn herum redeten auf ihn ein: „Dein Sohn muss doch heißen wie du!!“ Aber er bestand auf diesem anderen Namen. Hinterher konnte er sogar wieder sprechen …

Frage:
Wie heißen Vater und Sohn in dieser bekannten Geschichte?

„Wie dieses Kind heißen sollte, wurde dem Vater verheißen!“

7. Dezember

Heute gibt es „Die Qual der Wahl".
Dabei soll der nachfolgende Bibelvers aus Johannes 8 ergänzt werden. Mehrere Möglichkeiten sind vorgegeben. Aber welche stimmen?

Jesus spricht: „Wer mir nachfolgt, …

- ☐ der muss sich erniedrigen, damit er erhöht wird
- ☐ der erlebt, dass sein Folgen Folgen hat
- ☐ der muss alles verlassen, um mich zu finden
- ☐ der wird nicht wandeln in der Finsternis, sondern wird das Licht des Lebens haben
- ☐ der wird errettet und kommt in den Himmel.

„Wenn wir dem Licht folgen, müssen wir nicht mehr im Dunkeln tappen!"

8. Dezember

Ein bekanntes Weihnachtslied heißt: „Tochter Zion, freue dich." Die Melodie stammt von Georg Friedrich Händel. Den Text, der viele biblische Bilder und Anspielungen enthält, schrieb der Theologe Friedrich Heinrich Ranke um 1820.
Wer ist denn nun diese Tochter Zion, von der hier die Rede ist? Zion war eine Bergfeste aus vorisraelitischer Zeit auf dem Gebiet Jerusalem. Nach der Eroberung durch David beherbergte sie seinen Palast und erhielt den Namen Davidstadt. Nachdem Salomo den Tempel gebaut hatte, wurde der Name Zion auch für den Tempelberg gebraucht, später dann für die gesamte Stadt. Tochter Zion ist ein poetischer Ausdruck für Jerusalem. Ranke greift hier einen Text aus dem Prophetenbuch des Alten Testaments auf. „Du, Tochter Zion, freue dich sehr, und du, Tochter Jerusalem, jauchze! Siehe, dein König kommt zu dir, ein Gerechter und ein Helfer, arm und reitet auf einem Esel, auf einem Füllen der Eselin."
„Hosianna, Davids Sohn …" – beginnen die zweite und dritte Strophe des Liedes. Das ist eigentlich ein Hilferuf. Später wandelte sich die Bedeutung. „Hosianna" wurde als Jubelruf verwendet zum Beispiel beim Einzug Jesu in Jerusalem. Auf einem Esel reitet er. Und damit wird der Bogen geschlagen zum erwähnten Prophetentext. Davids Sohn – dieser Name weist hin auf einen Retter, den Gott seinem Volk versprochen hat und der ein Nachkomme Davids ist: Jesus. Dieser Retter kommt, und das ist ein Grund zur Freude.

Aus welchem Prophetenbuch stammt die Stelle von dem König, der auf einem Esel in die Stadt einzieht?

„Jesus kommt nicht nur;
Jesus ist auch im Kommen!"

9. Dezember

Hinter dem heutigen "Schwedenrätsel" stecken 18 Wörter. Sie können in jede Richtung laufen – vorwärts, diagonal, rückwärts, vertikal. Die Buchstaben, die sich hinter den Sternchen verbergen, ergeben der Reihe nach ein Hauptwort des Bibelverses aus Jesaja 60. Wie heißt er?

LICHT, DICH, AUF, DENN, WERDE, HERRLICHKEIT, MACHE, LICHT, DEIN, HERRN, GEHT, KOMMT, UND, DIE, DES, AUF, ÜBER, DIR

S	R	J	Ü	K	G	D	S	G	M
A	I	Ö	H	E	R	R	N	A	P
G	F	*	I	C	H	T	C	U	H
E	W	C	D	*	C	H	L	F	E
H	Y	M	E	Z	E	D	F	A	R
T	Ö	B	N	A	M	B	E	K	R
X	N	E	N	W	I	Ö	T	S	L
A	M	B	D	H	A	G	F	T	I
K	O	M	M	T	D	U	M	U	*
L	W	S	Z	I	T	N	F	W	H
Ö	D	T	R	H	F	D	X	E	K
J	S	E	U	H	K	D	Y	R	E
T	*	C	I	L	J	Ü	I	D	I
D	E	L	M	N	H	K	T	E	*
E	F	N	Z	M	Ü	B	E	R	K

„Sich aufmachen heißt: Offen zu sein für Gott, bevor ich mich für ihn auf den Weg mache!“

10. Dezember

In einem Raum standen fünf Kerzen. Die meisten waren fast abgebrannt – ausgebrannt, weil ihnen so vieles auf den Docht ging. Die erste Kerze sagte: „Mein Name ist Frieden. Ich leuchte noch – doch die Menschen streiten miteinander und führen Krieg!“ Und siehe da: Sie verlosch! – Die zweite Kerze sprach: „Ich heiße Liebe. Auch mein Licht ist schwach. Echte Liebe gibt es unter den Menschen nur noch selten. Viele lieben nicht mehr ihren Nächsten, sondern bloß sich selbst!“ – Die dritte Kerze sprach schwach: „Ich heiße Glaube. Doch die meisten Menschen fragen nicht nach mir.“ – Die vierte Kerze sagte: „Ich bin die Hoffnung. Selten gebe ich auf. Aber wenn es weder Frieden noch Liebe auf der Welt gibt und wenn die Menschen keinen echten Glauben mehr haben, dann hat das Leben auch für mich keinen Sinn mehr.“ Und so starb die Hoffnung – zuletzt. Während jetzt nur noch eine Kerze in der Finsternis brannte, betrat ein Mädchen den Raum. Es begann zu weinen, als es vor den erloschenen vier Kerzen stand. „Ihr sollt doch brennen!“, rief es fassungslos. Strahlend erklärte die fünfte Kerze: „Mich hat Jesus Christus angesteckt, der sagt: ‚Ich bin das Licht der Welt.‘ Und darum: Weine nicht! Solange er lebt, gibt es für jeden noch eine Chance. „Er ist unser Friede.“ (Epheser 2,14) Und er verspricht: „Nun aber bleiben Glauben, Hoffnung, Liebe.“ (1. Korinther 13,13) Dann nahm das Kind dieses ewige Licht und erweckte Frieden, Liebe, Glaube und Hoffnung zu neuem Leben. Und seitdem waren die vier Kerzen wieder ganz Feuer und Flamme – von Jesus Christus angesteckt!

„Auf alle Fälle: Es gibt keine

_ _ _ _ _ _ _ _ _ _ _ _ _ _   _ _ _ _ _!“

11. Dezember

Heute wird „Außenseiter“ gespielt.
Bei den folgenden Antworten ist immer jeweils eine dabei, die nicht zu den anderen passt. Die Anfangsbuchstaben dieser „falschen“ Wörter ergeben – von oben nach unten gelesen – eine Person aus dem Buch Rut.

Gold – Weihrauch – Nadelbaum – Myrrhe ☐

Ewig-Vater – Ober-Haupt – Friede-Fürst – Gott-Held ☐

Advent – Heiligabend – Ostern – Weihnachten ☐

Menschensohn – König – Priester – Prophet ☐

Michael – Gabriel – Immanuel – Raphael ☐

„Die wahre Weihnacht feiern wir auch ohne die Ware Weihnacht!“

12. Dezember

Neulich hatte ich einen Tag frei. Ich wollte faulenzen. Darum blieb ich ungewaschen im Schlafanzug, ignorierte die Unordnung in der Wohnung und nahm ein gutes Buch in die Hand, um mich damit auf der Couch zu vergnügen.
Plötzlich klingelt es an der Tür.
Ich erschrak. „Wer ist das?! Ich will keinen sehen!"
Doch meine Freundin ließ nicht locker. Sie klopfte und rief meinen Namen, weil sie einen schönen Vormittag mit mir verbringen wollte.
So ganz verstrubbelt saß ich nun mit ihr in der unaufgeräumten Stube. Ich dachte mir: „Vielleicht sollte man immer damit rechnen, dass Besuch kommt! Für Gutes bereit sein, wäre doch nicht schlecht, oder?!"

So ist es auch in der Nachfolge.
In welchem Evangelium steht:
„Darum wachet; denn ihr wisst nicht, an welchem Tag euer Herr kommt."

***„Lasst uns aufpassen,
wie wir leben,
damit Gott ewig auf uns
aufpassen kann!"***

13. Dezember

Im heutigen „Mittelworträtsel" werden wieder Begriffe gesucht, die sowohl am Ende des links stehenden als auch am Anfang des rechts stehenden Wortes übereinstimmen.
Diesmal steht alles unter dem Motto: „Weihnachtsgabe".

Heilig	____________________	Mahl
Morgen	____________________	Deuter
Heiden	____________________	Kind
Schutz	____________________	Schar
Ewig	____________________	Herz
Opfer	____________________	Tisch

„Weihnachten
ohne den Mann am Kreuz
ist wie
Heiligabend
ohne das Christkind!"

14. Dezember

Es war einmal ein Zwillingspärchen, das sich im Mutterleib unterhielt. Der eine Embryo schwärmte: „Ach, ich fühle mich so wohl hier. Ich höre den Herzschlag meiner Mama, bin rundum von ihr umgeben. Sie ernährt mich und eines schönen Tages werde ich diesen Ort verlassen, um sie endlich zu sehen. Ich freue mich jetzt schon so sehr darauf, dass ich oft schon gegen die Decke strampeln muss."
Das andere erwiderte: „Ich glaube nur, was ich tasten kann! Und ich schwimme hier in einer klebrigen Suppe. Alles um mich herum ist dunkel. Ich weiß nichts von einer Mama und du nimmst mir auch noch Platz weg, den ich gut gebrauchen könnte. Überhaupt: Was macht eigentlich diese dumme Schnur hier? Die stört mich nur!"
„Dadurch ernährt uns doch unsere Mama! Sie ist das Zeichen, das uns mit ihr verbindet!", erklärte das Geschwisterchen.
„So ein Quatsch! Das wollen wir doch mal sehen!" Und sogleich biss es die Nabelschnur durch.
Während dieser Spatz daraufhin verloren war, sah der andere Fratz schon bald seine geliebte Mutter.

Wie heißt die biblische Definition vom Glaube richtig geordnet?
„aber an auf das, dem, der ein eine Es feste Glaube hofft, ist man man nicht Nichtzweifeln sieht. und was was Zuversicht" (Hebräer 11,1)

„Manchmal ist der Glaube eine schwere Geburt!"

15. Dezember

Im heutigen „Füllrätsel“ sollen die folgenden Wörter in die vorgegeben Kästchen richtig eingetragen werden, die in die Weihnachtsgeschichte gehören:

Hirten, Weise, Weihrauch, Maria,
Josef, Herberge, Christkind, Anbeten,
König, Gold, Myrrhe, Priester, Prophet

„Krippe und Kreuz sind aus dem gleichen Holz geschnitzt!“

16. Dezember

Nun geht es um eine „Buchstabensuppe“.
Da wird die Antwort gesucht, die Maria dem Engel gab, als sie von ihm hörte, dass sie den Retter der Welt gebären sollte. Die Buchstaben sind alle vorgegeben und alphabetisch geordnet. Sie müssen nur noch auf den Linien sortiert werden.

A B C DD EEEE G HHH III M NN RR SS

„_ _ _ _ _,

_ _ _   _ _ _   _ _ _   _ _ _ _ _   _ _ _ _;

AA C D EEEEEE GGG HHH II M R SSS
TT U W

_ _ _   _ _ _ _ _ _ _ _,   _ _ _   _ _   _ _ _ _ _ _

_ _ _ _.“

***„Herr, ich diene dir gern,
weil du es verdient hast!“***

17. Dezember

Nun heißt es: „Schreiben nach Zahlen“.
Die folgenden beiden Bibelverse habe viele Wörter gemeinsam. Aber welche? Es gilt heute, sie herauszufinden und den vorgegebenen Zahlen zuzuordnen, damit sich der gewünschte Sinn ergibt.

„Denn ❹ ❶ sind ❺ dir ❷ der ❸, der gestern vergangen ❻, und ❷ eine Nachtwache.“ (Psalm 90,4)

„Eins sei euch nicht verborgen, ihr Lieben, dass ein ❸ ❺ dem Herrn ❷ ❹ ❶ ❻ und ❹ ❶ ❷ ein ❸.“ (2. Petrus 3,8)

❶ = ____________, ❷ = ______________, ❸ = ____________

❹ = ____________, ❺ = ____________, ❻ = ____________

***„Weil vor Gott
alle Tage zählen,
lass uns
alle Tage zählen!“***

18. Dezember

Heute gibt es wieder ein „Felderpuzzle“.
In den Feldern ist ein Bibeltext auseinandergenommen und muss wieder zusammengesetzt werden. Wie heißt er?

1 entäußerte sich selbst und nahm	2 Mensch erkannt. Er	3 in göttlicher Gestalt war,
4 Menschen gleich und der	5 „Seid so unter euch gesinnt,	6 ward gehorsam bis zum Tode, ja
7 Gemeinschaft in Christus	8 des Vaters.“ (Philipper 2,5-11)	9 Gott gleich zu sein, sondern
10 ist, dass in dem Namen	11 Knechtsgestalt an, ward den	12 wie es auch der
13 zum Tode am Kreuz. Darum	14 Jesus entspricht: Er, der	15 Erscheinung nach als
16 hielt es nicht für einen Raub,	17 erniedrigte sich selbst und	18 Zungen bekennen sollen,
19 hat ihm den Namen	20 Himmel und auf Erden und	21 hat ihn auch Gott erhöht und
22 Jesu sich beugen sollen	23 gegeben, der über alle Namen	24 aller derer Knie, die im
25 Herr ist, zur Ehre Gottes,	26 unter der Erde sind, und alle	27 dass Jesus Christus der

„Jesus hat den Himmel auf die Erde gebracht!“

19. Dezember

Heute gibt es wieder „Aus zwei mach eins“.
In Reimform sind nachstehend jeweils zwei Begriffe beschrieben, die erraten und hinterher zu einem zusammengesetzten Wort gemacht werden sollen.

1.

„Er ist ein Mensch wie du und ich,
hat noch Fehler - sicherlich.
Doch ihm sind seine Sünden vergeben
und er hat in Gott das echte Leben.“

____

2.

„Es ist ein Mensch noch zart und klein,
will eigentlich immer größer sein.
Es lernt durchs Spielen, wächst ganz leis,
bis es nach Jahren ist ein Greis.“

____

Wie heißt nun das zusammengesetzte Wort?

____

„Da jeder Christ Kind Gottes ist,
ist jeder Mensch ein Christkind!“

20. Dezember

Im heutigen „Zickzack“ gilt es, mit einem Kreis zu beginnen, in dem der dreizehnte Buchstabe des Alphabets steht, um dann Zug um Zug den Verbindungslinien zu folgen, damit eine bekannte Glaubensaussage entsteht.

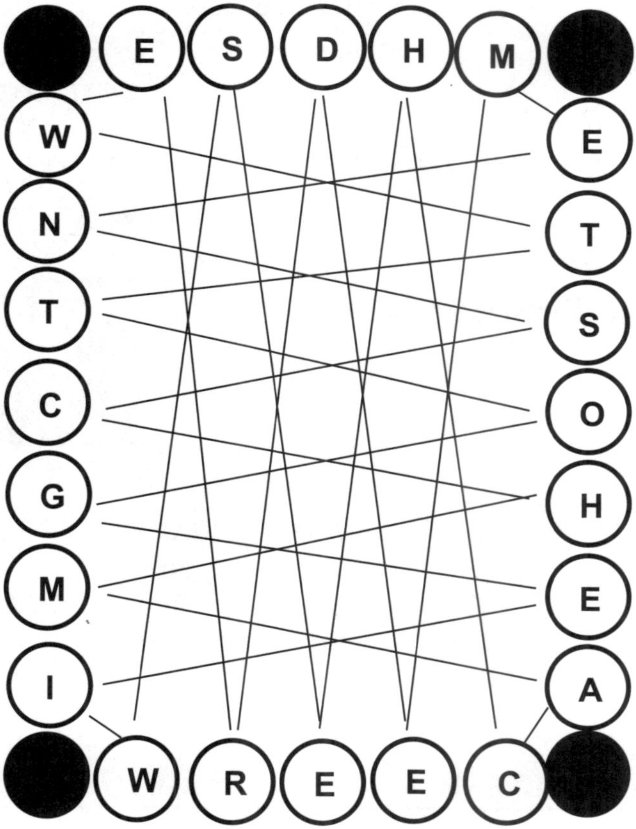

„Während Gott Mensch wurde, wollen wir Menschen sein wie Gott!“

21. Dezember

Beim „Hoppla hopp" ist von Feld zu Feld zu springen – wie mit einem Springer beim Schach. Das Pferd springt gerade-schräg beziehungsweise schräg-gerade auf das übernächste Feld, um die folgende Position zu erreichen. Begonnen wird mit dem Feld, wo ein Stern zu finden ist, um einen Bibelvers aus Johannes 12 zu entdecken, der Folgendes deutlich macht:

„Wenn wir an das Licht glauben, geht uns ein Licht auf und wir werden in der Finsternis helle!"

WELT	BLEI	MIT	NICHT	IN
WER	IN	DIE	NIS	DA
ALS	GE	BE	BIN	GLAUBT
DER	AN	MEN	LICHT	TER
KOM	EIN	FINS	MICH	*ICH

____

____

22. Dezember

Heute gibt es ein „Flickenpuzzle“.
Der Bibeltext aus Jesaja 9 soll mit Hilfe der Zahlen richtig zusammengesetzt werden.

1 Gott-Held, Ewig-Vater, Friede-Fürst; auf dass seine Herrschaft groß werde und des Friedens kein Ende auf dem Thron Davids

2 und in seinem Königreich, dass er's stärke und stütze durch Recht und Gerechtigkeit von nun an bis in Ewigkeit. Solches wird tun der Eifer des HERRN Zebaoth.“

3 „Denn uns ist ein Kind geboren, ein Sohn ist uns gegeben, und die Herrschaft ruht auf seiner Schulter; und er heißt Wunder-Rat,

„Gott sei Dank:
Wir können das Kind
bei seinen Namen nennen!“

23. Dezember

Hier herrscht „Tohuwabohu“.
Wie heißt der Bibelvers aus 2. Korinther 8,9 richtig?

„Denn ihr kennt die Gnade unseres Herrn Christus Jesus: obwohl er reich ist, wurde er doch um euretwillen arm, damit ihr reich würdet durch seine Armut.“

____

____

____

„Im Reich Gottes gibt es nur reiche Gotteskinder!“

24. Dezember

Heute ist in dem „Christbaumrätsel“ die Weihnachtsbotschaft aus Lukas 2 versteckt. Wie heißt der Bibelvers und wo steht er?

„Es ist doch ein Meister vom Himmel ‚gefallen‘: unser!“

25. Dezember

Heute kommt ein „Kästchenpuzzle“.
Da werden zwei Bibelverse aus Römer 8 gesucht. Alle Wörter sind vorgegeben. Sie müssen nur noch in der richtigen Reihenfolge unten eingetragen werden und in den Kontext passen.

uns, wer, sein, der, kann, ist, Gott, für, eigenen, wider, uns, auch, seinen, verschont, hat, Sohn, nicht, für, sondern, hat, dahingegeben, wie, ihn, uns, ihm, er, uns, mit, schenken, nicht, alles, alle, sollte

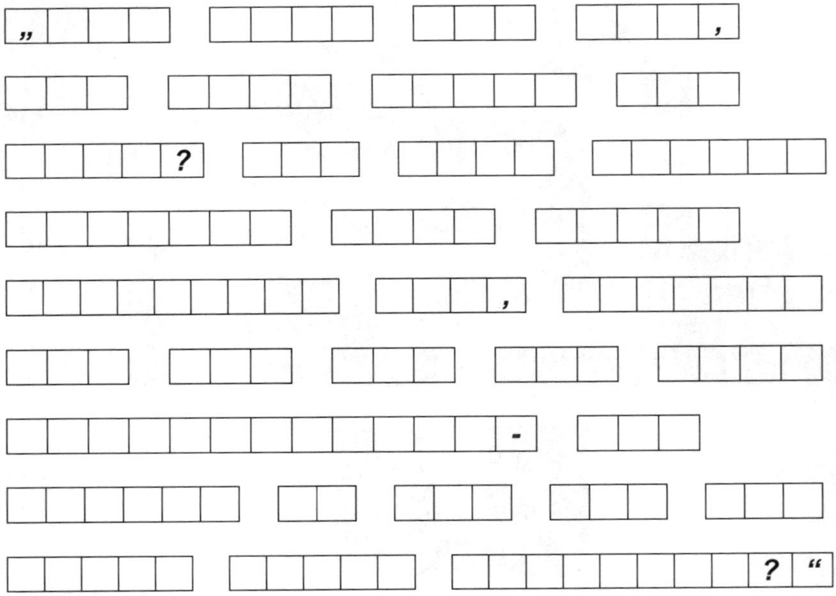

„Weil Gott alles für uns hingegeben hat, wird er alles für uns hergeben!“

26. Dezember

Wo sind im „Suchbild“ unten die 7 Fehler versteckt?

„Gottes Menschwerdung ist tierisch gut!“

27. Dezember

Im heutigen „Formenpuzzle“ wird ein bekannter Vers aus Psalm 119 gesucht. Die Teile sind so zu sortieren, dass der Inhalt den gewünschten Sinn ergibt.
Dieser Spruch drückt – mit anderen Worten – aus:

„Gottes Reden ist so beredt, dass ich auf meiner Strecke nicht auf der Strecke bleibe!“

1 Licht	2 auf	3 dein	4 mei- nem
5 und	6 Wort	7 ein	8 ist
9 Fußes	10 Leuch- te	11 mei- nes	12 Wege

28. Dezember

Heute ist ein „Verwandlungsrätsel“ dran.
Es soll aus jedem der folgenden Wörter ein Buchstabe gestrichen werden, sodass die übrig gebliebenen Wortteile einen Bibelvers aus Offenbarung 21 ergeben.

„SIECHE,
DICH MANCHE FALLES NEUN!“

„Gott als
der Beständige
wird einst alles anständig verändern!“

29. Dezember

Hier ist ein „Schüttelshake".
Es geht um einen Bibeltext aus 1. Thessalonicher 5. Alle Wörter sind vorgegeben. Manche müssen nur noch so umgestellt werden, dass neue Begriffe anderer Bedeutungen entstehen und in den Kontext passen.

„ER RABE, DER GOTT DES FRIEDENS, HEILIGE EUCH DURCH UND DURCH UND ABWEHRE NEUER SIEGT MAST LEESE UND BEIL VERUNEHRST, UNTADLIGE FÜR EID ANFUNKT UNSERES HERRN JESUS CHRISTUS."

____

____

____

„Der Herr macht uns
für den Himmel fertig,
ohne uns fertigzumachen!"

30. Dezember

Hier wird im „Lückenbüßer“ der aaronitische Segen gesucht, der im 4. Buch Mose 6 zu finden ist. Wie heißt er?

„_ _ _ _ _ _ _ s_ _ _ _ _ _ _ _ _ _ _ _ _ _ _ _ _

_ _ _ _; _ _ _ _ e_ _ _ _ _ _ _ _ _ _ _

_ _ g_ _ _ _ _ _ _ _ _ _ _ _ _ _ _ _ _ _ _ _ _

_ _ _ _ _ _ _ _ _ _ n_ _ _ _ _; _ _ _ _ _ _ _

_ _ _ _ _ _ _ _ _ _ _ e_ _ _ _ _ _ _ _ _ _ _ _ _

_ _ _ _ _ _ _ _ _ _ _ _ _ _ _ _ n.“

„Indem wir Gott begegnen, wird er uns segnen!“

31. Dezember

Im heutigen Silbenrätsel soll das Versprechen Gottes aus 1. Mose 28 ergänzt werden.

„Und __________, ich bin mit dir und will dich ___________, wo du _____________, und will dich wieder _____________ in dies Land. Denn ich will dich nicht ____________, bis ich _________ tue, was ich dir ______________ habe." (1. Mose 28,15)

be	las	brin	hin	sie	zu
her	les	hü	ver	all	sen
ge	ziehst	sagt	gen	he	ten

„Dass Gott auch weiterhin mit uns ist, ist der Knaller!"

Auflösung

01.01.: „Und siehe, ich bin bei euch alle Tage bis an der Welt Ende.“ (Matthäus 28,20)

02.01.: Blüte, Zeit, Abschied, Bindungen, Raum, Stufe, Aufbruch, Rufe, Herz

03.01.: mein, rechter, Feinde, Haupt, immerdar

04.01.: „Fürchte dich nicht, ich bin mit dir; weiche nicht, denn ich bin dein Gott. Ich stärke dich, ich helfe dir auch, ich halte dich durch die rechte Hand meiner Gerechtigkeit.“ (Jesaja 41,10)

05.01.: „Du stellst meine Füße auf weiten Raum.“

06.01.: Psalm 37,5

07.01.: Folge mir nach!

08.01.: Offenbarung, Jeremia, Obadja, Timotheus, Hesekiel, Richter, Daniel, Jakobus, Maleachi

09.01.: Hirsch (Ps. 42,2), Frösche (2. Mose 7,29), Raupen (Ps. 78,46), Kamel (Matth. 19,24), Widder (1. Mose 22,13), Löwe (1. Petr.5,8), Käfer (Joel 1,4)

10.01.: Nagel, Angel, lange, lagen

11.01.: Timotheus (1. Timotheus 5,23)

12.01.: danken, denken, lenken, lenden, leiden, leiten, reiten, retten, betten = bitten

13.01.: der Erste ist er, der Erste ist Christus, ein Vater, ein Herr, ein Geist, eine Herde

14.01.: 1. 176, 2. 140, 3. 926, 4. 365

15.01.: „Bist du, der da kommen soll, oder sollen wir auf einen andern warten?“ (Lukas 7,19)

16.01.: 15, 8, 19, 1, 6, 13, 20, 3, 5, 10, 16, 18, 9 17, 11, 4, 21, 7, 2, 12, 14

17.01.: „Herr, warum stehst du so ferne, verbirgst dich zur Zeit der Not?“ (Psalm 10,1)

18.01.: A6, B7, C12, D5, E8, F16, G17, H2, I1, L15, M18, N4, O11, R10, S13, T9, U14, Ü19, Z20

19.01.:

	AUS	SÄT	ZI	GE		OF	
	NAH			HEILT		FEN	
AR	ME		AN		ER	BAR	MEN
	ZU	RÜCK	GE	KEHRT			SCHEN
AB	STAND		BE			LETZ	
GE		RET	TET		MEIS	TER	HAND
WANDT		TUNG		PRIES	TER		LUNG

20.01.: 3, 4, 1, 2
21.01.: „Denn ich weiß wohl, was ich für Gedanken über euch habe, spricht der HERR: Gedanken des Friedens und nicht des Leides, dass ich euch gebe das Ende, des ihr wartet.“ (Jeremia 29,11)
22.01.: Ihm sind Wind und Wellen gehorsam.
23.01.: Augen, Bergen, Hilfe, Erde, gleiten, schläft, Tages, Nachts, Seele
24.01.: „Was kann aus Nazareth Gutes kommen!“ (Johannes 1,46)
25.01.: „Ich bin gekommen, damit sie das Leben und volle Genüge haben sollen.“ (Johannes 10,10) = GENÜGE
26.01.: 2, 4, 1, 5, 3
27.01.: Dein Glaube hat dir geholfen.
28.01.: „Wer zweifelt, der gleicht einer Meereswoge, die vom Winde getrieben und bewegt wird.“ (Jakobus 1,6)
29.01.: „Dir geschehe, wie du geglaubt hast.“ (Matthäus 8,13)
30.01.: Samaria
31.01.: „Rufe mich an in der Not, so will ich dich erretten und du sollst mich preisen.“ (Psalm 50,15)
01.02.: Dietrich Bonhoeffer
02.02.: 7 + 3 x 4 - 40 + 12 = 12
03.02.: „Wenn wir im Geist leben, so lasst uns auch im Geist wandeln.“
04.02.: „Ich bin der Herr, dein Arzt.“ (2. Mose 15,26)
05.02.: Willen, Welt, untreu, Namen, Amen, heute, beten,vergib, gelten, Vater
06.02.: 1 = ihr, 2 = bleibt, 3 = ich, 4 = Frucht, 5 = bringt, 6 = mich, 7 = in
07.02.: A2, B3, D4, E1, F18, G5, H7, I6, J9 ,K20, L10, M11, N14, Ö12, R13, S15, T16, U17, W8, Z19
08.02.: Stiftshütte
09.02.: Saul, Levi, Asser, Milka, Ester, Laban
10.02.: Deuteronomium
11.02.: Bach, Befehle, Blei, Babel, Bedrängnisse, Bahn = Heilen
12.02.: Sohn = Israel (1. Mose 32,29)
13.02.: Hebamme Schifra, Zöllner Levi, Zimmermann Josef, Waffenträger David, Statthalter Pilatus, Kämmerer Potifar
14.02.: Asenat (1. Mose 41,45)
15.02.: Markus, Naaman, Mattan, Samuel, Thomas, Lamech
16.02.: „Denn ich bin gewiss, dass weder Tod noch Leben, weder Engel noch Mächte noch Gewalten, weder Gegenwärtiges noch Zukünftiges, weder Hohes noch Tiefes noch eine andere Kreatur uns scheiden kann von der Liebe Gottes, die in Christus Jesus ist, unserm Herrn.“ (Römer 8,38-39)
17.02.: Geist

18.02.: Loblied, Orgelspiel, Sündenbock, Liederbuch, Aberglaube, Schweineherde, Senfkorn, Ertragen, Nachtwache = Loslassen

19.02.: gutherzig, langmütig, anziehend, umsichtig, beständig, erbarmend

20.02.: Jesus und die Ehebrecherin (Johannes 8,6)

21.02.: „Wer sich des Armen erbarmt, der leiht dem HERRN, und der wird ihm vergelten, was er Gutes getan hat." (Sprüche 19,17)

22.02.: Brüder, Fische, Flaute, leer, Fragen, Ufer, Rede, Retter, folgen

23.02.: „Seid dankbar in allen Dingen." (1. Thessalonicher 5,18)

24.02.: „Was ist der Mensch, dass du seiner gedenkst, und des Menschen Kind, dass du dich seiner annimmst? (Psalm 8,5)

25.02.: heimlich, heiter, Heimat, Heiden, Heilung, Heilige, heiraten

26 02.: Der barmherzige Samariter (Lukas 10,25-36)

27.02.: „Bittet, so wird euch gegeben; suchet, so werdet ihr finden; klopfet an, so wird euch aufgetan. Denn wer da bittet, der empfängt; und wer da sucht, der findet; und wer da anklopft, dem wird aufgetan."

28.02.: „Ein Mensch sieht, was vor Augen ist; der HERR aber sieht das Herz an." (1. Samuel 16,7)

29.02.:

		M			D							G
S	I	E	G		A		T		G			O
E		N			V		R		N			T
L		S	T	E	I	N	E		A			T
B		C			D		F		D			V
S		H		A			F	R	E	U	D	E
T		E		N			S					R
S		N		G	O	L	I	A	T	H		T
I				S			C		Ö			R
C				T			H		T			A
H					R	I	E	S	E			U
E							R		T			E
R	Ü	S	T	U	N	G			E			N

01.03.: 5000 + 12 + 38 + 72 + 3 = 5125

02.03: Purpurhändlerin (Apostelgeschichte 16,14)

03.03.: 1. Mose 17,17; 1. Könige 19,4; 1. Samuel 1,6; Psalm 51,3; 2. Könige 20,3

04.03.: wiederholen, einüben, ideenreich, zuhören, erretten, nachgehen, Kinderteil, Obhut, reinwaschen, Nebenmann = Weizenkorn

05.03.: „Denn siehe, das Reich Gottes ist mitten unter euch." (Lukas 17,21)

06.03.: „Die Liebe hört niemals auf." (1. Korinther 13,8). „Die Liebe sei ohne Falsch. (Römer 12,9)

07.03.: Zion, Nain, Edom, Azmon, Nod

08.03.: Johannes 6,37

09.03.:

	CLE	VER			REI	SE		DRIN
		ER	BÄRM	LI	CHER		SCHWEI	GEND
AUS	GE	BEN				KLEI	NEN	
					LIE	DER		GE
LAN	DE	TE		HA	BE			SCHEN
GE						UM	DEN	KEN
	EN		EI		HEIM	KEHR		
HUN	DE	E	LEND					RANN
GER		GAL			VER	SCHWEN	DE	TE

10.03.: „Wie sich ein Vater über Kinder erbarmt, so erbarmt sich der Herr über die, die ihn fürchten.“ (Psalm 103,13)
11.03.: Perlen, Perle
12.03.: „Und nun spricht der HERR, der dich geschaffen hat, Jakob, und dich gemacht hat, Israel: Fürchte dich nicht, denn ich habe dich erlöst; ich habe dich bei deinem Namen gerufen; du bist mein!“ (Jesaja 43,1)
13.03.: Es geht um Gott, der uns nie vergisst, obwohl manche Mutter eine Rabenmutter ist. (Jesaja 49,15)
14.03.: Abba in Römer 8,15 und Galater 4,6
15.03.: niemand = 1, sie = 2, meine = 3, reißen = 4, Hand = 5, ich = 6, und = 7
16.03.: 10, 15, 5, 14, 9, 1, 7, 6, 13, 8, 12, 17, 3, 16, 4, 18, 2, 11
17.03: Tenne
18.03.: A11, D12, E8, F14, G18, H5, I6, K16, L7, M4, N9, P10, R2, S15, T1, U3, Ü17, V13
19.03.: Absalom, Issachar, Abraham, Israel = Sara
20.03.: Himmelszelt, Nacht, Seen, Meer,
21.03.: Gottes Schöpfung ist durch ihn geschaffen.
22.03.: „Irret euch nicht! Gott lässt sich nicht spotten. Denn was der Mensch sät, das wird er ernten.“ (Galater 6,7) = ERNTEN
23.03.: Vers 2 ist teilweise mit Vers 7 vertauscht
24.03.: „Und Gott sah an alles, was er gemacht hatte, und siehe, es war sehr gut.“ (1. Mose 1,31)
25.03.: 11, 22, 4, 9, 30, 25, 14, 19, 27, 15, 13, 28, 17, 2, 32, 20, 1, 24, 6, 10, 12, 21, 33, 7,29, 5, 23, 16, 3, 26, 31, 18, 8
26.03.: handelt, Steg, Wasserströmen, meiner, Heu, zerstreut
27.03.: Kühe, Fliegen, Esel, Reh, Rind, Spinnen, Ziege, Wölfe
28.03.: seht, unter, sie, säen, ernten, sie, die, euer, seid, viel, als, unter, Le-

bens, Länge, Spanne, schaut, die, sie, wachsen, arbeiten, sie, sage, seiner, Gras, sollte, tun

29.03.: A19, Ä20 , B10, C3, D8, E2, F4, G5, H12, I6, K9, L18, N1, O14, R7, S13, T11, U17, V21, W15, Z16

30.03.: Gerechtigkeit, erntet, Liebe, Neues, Zeit, kommt, regnen

31.03.: Jakobsbrunnen

01 04.: „Und er fing an, sie zu lehren: Der Menschensohn muss viel leiden und verworfen werden von den Ältesten und Hohenpriestern und Schriftgelehrten und getötet werden und nach drei Tagen auferstehen." (Markus 8,31)

02.04.: Durch Christus haben Sünder Erlösung und Gnade.

03.04.: Sterben, Leiden, Vergebung, Erlösung, Kreuzigung, Abendmahl, Spott, schuldlos, Retter, Auferstehung

04.04.: 7, 17, 15, 13, 11, 4, 9, 19, 12, 18, 5, 23, 1, 21, 25, 6, 14, 27, 20, 3, 10, 24, 16, 26, 8, 22, 2 (Jesaja 53,2-6)

05.04.: „Er hat den Schuldbrief getilgt, der mit seinen Forderungen gegen uns war." (Kolosser 2,14)

06.04.: „Gott aber erweist seine Liebe zu uns darin, dass Christus für uns gestorben ist, als wir noch Sünder waren." (Römer 5,8)

07.04.: 2, 4, 3, 1

08.04.: Sünde

09.04.: ... in der Luft!

10.04.: Gedaechtnis, Brot, Gemeinschaft, Feiern, Danken, Passalamm, Judas, Brechen, Kelch = Abendmahl

11.04.: „Vater, vergib ihnen, denn sie wissen nicht, was sie tun." (Lukas 23,34)

12.04.: Psalm 22

13.04.: Paul Gerhardt

14.04.: Der Herr ist auferstanden! Er ist wahrhaftig auferstanden!

15.04.: 10, 6, 16, 5, 15, 20, 2, 8, 18, 1, 9, 19, 12, 4, 17, 7, 13, 21, 11, 3, 14 (Markus 16,1-8)

16.04.: Freude

17.04.: „Jesus spricht zu ihr: Ich bin die Auferstehung und das Leben. Wer an mich glaubt, der wird leben, auch wenn er stirbt; und wer da lebt und glaubt an mich, der wird nimmermehr sterben. Glaubst du das?"

18.04.: Johannes 14,19

19.04.: Trauer, Schweigen, Kuss, Land, Gefängnis, Gesicht, Lippen, entdeckt, Licht

20.04.: Licht, Erleichterung, Zukunft, Weitsicht, Leben = Heute

21.04.: Sünden, Kreuz, Leib, Opfer, Geld, König

22.04.: Nain, Frau, weinte, toten, Knaben, Kummer, Gatte, toter, Ort, letzte, Ruhe, Meister, steh, erhob, kleine, Leben, feierten, Ehre

23.04.:

EM	MA	US		KLE	O	PAS		GLAUB
	RI					SA	GEN	HAFT
	A	BEND	MAHL		VER			
JE			ZEIT		TRAU	RI	GE	
SUS		SPA		BAU	EN		SE	GEN
		ZIER	TEN			GE	HEN	
UN	TER	GANG		UN	VER	HOFFT		VER
BE					STAN			BRE
KANN		AUF	ER	STAN	DEN		BRA	CHEN
TER			LIT			EHR		
	GE	HAL	TEN		HERR	LICH	KEIT	

24.04.: „Wer will uns scheiden von der Liebe Christi? Trübsal oder Angst oder Verfolgung oder Hunger oder Blöße oder Gefahr oder Schwert?“ (Römer 8,35)

25.04.: „Tod, wo ist dein Sieg?“ (1. Korinther 15,55)

26.04.: Kreuzweg

27.04.: „Ich habe die Hoffnung zu Gott, dass es eine Auferstehung der Gerechten wie der Ungerechten geben wird.“ (Apostelgeschichte 24,15)

28.04.: Steh auf!

29.04.: Petrus kann auf dem Wasser gehen, weil Jesus bei ihm bist – auch bei Wind und Wellen. (Matthäus 14,22-33)

30.04.: Milka

01.05.: Ehren, Lösen, Treue, Leben, Gnade = Hören

02.05.: Jonathan Böttcher

03.05.: El, Eli, Elia, Elisa

04.05.: A8, B7, C1, D4, E2, F3, H5, I11, J10, K9, L6, M12, N13, O14, Ö15, R16, S17, T18, U19, Ü20, V21

05.05.: „Friede sei mit dir“ = Shalom, „So sei es“ = Amen, „Lobe den Herrn“ = Haleluja, „Unser Herr, komm“ = Maranatha, „Herr, hilf doch“ = Hosianna

06.05.: Misstrauen, Übermut, Fragen, Schuldzuweisung, Paradies, Feigenblatt, Frucht, Angst, Schlange, Verflucht

07.05.: allwissend, unwandelbar, rechtschaffend, allmächtig, zugewandt, vollkommen, allgegenwärtig-

08.05.: 5, 7, 9, 6, 1, 4, 2, 3, 10, 8

09.05.: Fischer, Priester, Sturm, Zelt, Fuß, Korn

10.05.: „Denn er hat seinen Engeln befohlen, dass sie dich behüten auf allen deinen Wegen." (Psalm 91,11) = ENGEL
11.05.: „Selig sind, die da Leid tragen; denn sie sollen getröstet werden." (Matthäus 5,4)
12.05.: „Wer sich auf seinen Verstand verlässt, ist ein Tor; wer aber in der Weisheit wandelt, wird entrinnen." (Sprüche 28,26)
13.05.: Wagnis, folgen, trauen, taufen, anbete, dienen
14.05.: die Abgesonderten
15.05.: Tag, Thron, Thora, Tod, Tenne = Gnade
16.05.: Philippus, was, Elisa, Jesaja, Jesus, Jonathans, Pfoten, Schüssel, verbunden, erlösen, allen
17.05.: „Gottes Wege sind vollkommen." (Psalm 18,31)
18.05.: 6, 3, 2, 4, 1, 5
19.05.: Jesus ruft Blinde und Bettler zu sich.
20.05.: Baal, Saal, Saul, Maul, Mahl, Mehl, mehr, Hehr, Heer, Herr
21.05.: 5, 10, 9, 1, 12, 6, 8, 3, 7, 4, 11, 2
22.05.: Christus, erbarme dich unser!
23.05.: „Ich weiß, dass mein Erlöser lebt." (Hiob 19,25)
24.05.: Himmelfahrt
25.05.: Macht, in, Zungen, Samaria, Welt, nachschauten, drei, hier, Christus, vor
26.05.: Vierzig Tage
27.05.: 12 Monate des Jahres, 12 Stämme Israels, 12 Jünger, 12 Handkörbe voll Brocken, 12 Aufseher Salomos, 12 Tagesstunden
28.05.: „In meines Vaters Hause sind viele Wohnungen. Wenn's nicht so wäre, hätte ich dann zu euch gesagt: Ich gehe hin, euch die Stätte zu bereiten?" (Johannes 14,2)
29.05.: „Ich will euch nicht als Waisen zurücklassen; ich komme zu euch." (Johannes 14,18)
30.05.: Herz, Geist, steinerne, Fleisch, Leute, Geboten, Rechte
31.05.: „Es ist gut für euch, dass ich weggehe. Denn wenn ich nicht weggehe, kommt der Tröster nicht zu euch. Wenn ich aber gehe, will ich ihn zu euch senden." (Johannes 16,7)
01.06.: „Aber der Tröster, der Heilige Geist, den mein Vater senden wird in meinem Namen, der wird euch alles lehren und euch an alles erinnern, was ich euch gesagt habe." (Johannes 14,26)
02.06.: „Ich bin der Herr, und sonst keiner mehr, kein Gott ist außer mir." (Jesaja 45,5), „Wendet euch zu mir, so werdet ihr gerettet, aller Welt Enden; denn ich bin Gott, und sonst keiner mehr." (Jesaja 45,22)
03.06.: „Wer mich sieht, der sieht den Vater." (2. Korinther 3,17), „Der Herr ist der Geist." (Johannes 14,9).
04.06.: Wunder, Rede, Gemeinde, Gebet, Apostel, Predigt

05.06.: 1, 3, 2
06.06.: Johannes 14,26; Psalm 139,7; Johannes 16,13; Epheser 4,30; 1. Korinther 12,4
07.06.: „Wenn aber jener, der Geist der Wahrheit, kommen wird, wird er euch in alle Wahrheit leiten." (Johannes 16,13)
08.06.: Licht, Klarheit, Feuer, Kraft, Herzen, Mund
09.06.: „Er wird mich verherrlichen..." (Johannes 16,14)
10.06.: geistreich
11.06.: Liebe, Freude, Friede, Geduld, Freundlichkeit, Güte, Treue, Sanftmut, Keuschheit
12.06.: A3, B2, C1, D9, E5, G12, H7, I13, L15, M10, N16, Ö14, R4, S11, T8, U6
13.06.: „Wo aber der Geist des Herrn ist, da ist Freiheit." (2. Korinther 3,17)
14.06.: „Er muss wachsen, ich aber muss abnehmen." (Johannes 3,30)
15.06.: „Ich sage euch, dass unter denen, die von einer Frau geboren sind, keiner größer ist als Johannes; der aber der Kleinste ist im Reich Gottes, der ist größer als er." (Lukas 7,28)
16.06.: „Nach mir die Sintflut..." 1. Mose 7,1-24; „Der Glaube versetzt Berge…" Lukas 17,5-6; „Perlen vor die Säue werfen…" Matthäus 7,6; „Wer andern eine Grube gräbt…" Sprüche 26,27; „Das A und das O sein…" Offenbarung 1,8
17.06.: „Ich, ich bin euer Tröster! Wer bist du denn, dass du dich vor Menschen gefürchtet hast, die doch sterben?" (Jesaja 51,12)
18.06.: Allmacht
19.06.: Linsengericht
20.06.: Betanien, Betesda, Bethlehem, Genezareth, Golgatha, Jerusalem, Jordan, Kana, Kapernaum, Tabor
21.06.: Gott, Glaube, Gebet, Geist, Gottesdienst, Gnade = Tabita
22.06.: „Du bist Christus, des lebendigen Gottes Sohn!" (Matthäus 16,16)
23.06.: „Wer Gutes tun will, muss es verschwenderisch tun." „Der Glaube bringt den Menschen zu Gott, die Liebe bringt ihn zu den Menschen." „Das Reich Christi besteht aus solchen, die da tragen, und aus solchen, die da getragen werden."
24.06.: Sabbat. Er durfte sein Bett ursprünglich nicht tragen.
25.06.: Rabe, Rebe, Reue, Neue, Neun, Nein, Wein, Wenn, Wann, Wand, Hand, Hund
26.06.: Ur, Rut, Trau, Braut
27.06.: „Ich will dich nicht verlassen und nicht von dir weichen." (Hebräer 13,5)
28.06.: Salben, beten, Petrus, Engel, Harfen, Boten, reifen, Reben, heilen

29.06.:

30.06.: „Herr, deine Güte reicht, so weit der Himmel ist, und deine Wahrheit so weit die Wolken gehen." (Psalm 36,6)
01.07.: Insel Rhodos
02.07.: Kirchen, Predigt, Haus, Bibel, Gesang, Kinder
03.07.: „Suchet mich, so werdet ihr leben." (Amos 5,4)
04.07.: „Alles nun, was ihr wollt, dass euch die Leute tun sollen, das tut ihnen auch." (Matthäus 7,12)
05.07.: Gelassenheit, Großzügigkeit, Geborgenheit, Gleichgewicht, Gunst
06.07.: „Ich glaube, darum rede ich." (2. Korinther 4,13)
07.07.: Disteln, Ähren, Beeren, Kiefer, Reben, Senfkorn, Weide, Weintrauben, Feigen
08.07.: Ismael, Damaris, Jesaja, Isaak = MASA
09.07.: gleichgültig, leichtgläubig, angstfrei, ultrascharf, bibeltreu, eigenartig, neugierig, Sanftmut, Frohsinn, ruhmeich, Ausdauer, Gastfreundschaft, Eifersucht, neidlos = Glaubensfragen
10.07.: wenige = Psalm 37,16; wiegen = 2. Korinther 10,10; ewigen = 5. Mose 33,27
11.07.: barmherzig, aufopfernd, liebevoll, gerecht, treu, gnädig, geduldig, freundlich, gütig, friedlich, weise
12.07.: „Vom Aufgang der Sonne bis zu ihrem Niedergang sei gelobet der Name des HERRN!" (Psalm 113,3) = EHRE
13.07.: „Geben ist seliger als nehmen." (Apostelgeschichte 20,35)

14.07.: 7, 10, 6, 1, 12, 4, 11, 2, 8, 5, 3, 9
15.07.: Verse 27 und 28 sind teilweise miteinander vertauscht
16.07.: „Lasst euch versöhnen mit Gott!“ (2. Korinther 5,20)
17,07.: 3, 4, 2, 5, 6, 1
18.07.: auf, stehe, herum, Lippe, wunderschön, Gesicht, fassen, Augen, gemacht, Geschöpfe, Körper, Grube, kommen
19.07.:

NEU	GE	BURT			LEH	
GIE			ZU	HÖ	RER	
RIG		AUS	KUNFT			FRA
	WAS	SER		EI	NI	GE
DUN		GE	WUSST		KO	
KELN		WÖHN		AN	DE	RER
	GEIST	LICH			MUS	

20.07.: „Heute, wenn ihr seine Stimme hören werdet, so verstockt eure Herzen nicht.“ (Hebräer 3,7)
21.07.: „Ist jemand in Christus, so ist er eine neue Kreatur; das Alte ist vergangen, siehe, Neues ist geworden.“ (2. Korinther 5,17)
22.07.: Barmherzigkeit, Liebe, Sünden, Gnade, Reichtum, Güte, Glauben, Gabe, Werken
23.07.: Kind
24.07.: Philipper 1,1; Johannes 1,12; Johannes 15,15; Römer 6,18; Römer 8,17; Epheser 5,30; Epheser 2,6; Kolosser 3,12; 2. Mose 3,14; 1. Korinther 15,10
25.07.: „Ich habe dich je und je geliebt, darum habe ich dich zu mir gezogen aus lauter Güte.“ (Jeremia 31,3)
26.07.: „Und als sie auf dem Wege waren, sprach einer zu ihm: Ich will dir folgen, wohin du gehst. Und Jesus sprach zu ihm: Die Füchse haben Gruben und die Vögel unter dem Himmel haben Nester; aber der Menschensohn hat nichts, wo er sein Haupt hinlege." (Lukas 9,57-58)
27.07.: „Trachtet zuerst nach dem Reich Gottes und nach seiner Gerechtigkeit, so wird euch das alles zufallen.“ (Matthäus 6,33)
28.07.: Raphael, Stephanus, Batseba, Isebel = Phase
29.07.: Martin Luther
30.07.: „B6, D7 ,E2, F9, I4, L5, M12, N15, R3, S1, T8, U11, V10, W19,
31.07.: „Wer mir folgen will, der verleugne sich selbst und nehme sein Kreuz auf sich täglich und folge mir nach.“ (Lukas 9,23), „Und wer nicht sein Kreuz auf sich nimmt und folgt mir nach, der ist meiner nicht wert.“ (Matthäus 10,38)

01.08.:

AUS	LÄN	DER		RÄU	
DRUCK			HER	BER	GE
	VER	LET	ZEN		BEN
	BIN			MEI	
WUN	DEN		NÄCH	STER	
DER		ER			EIN
BAR	GELD		Ü	BER	FALL

02.08: 6 + 8, 1 + 9, 7 + 10, 3 + 11, 4 + 12, 5 + 13, 2 + 14
03.08.: Begegnung, Bibel, Bedrängnis, Bereuen, Brotbrechen, Bereicherung, Bewegung, Bruderliebe = Gläubige
04.08.: Die Freude ist der Doktorhut des Glaubens.

05.08.: Kirchenschiff
06.08.: Uz, zur, kurz, Kreuz
07.08.: Loben, Flehen, Hören, Klagen, Bitten, Preisen, Danken
08.08.: Zedekia (Jeremia 39)
09.08.: „Gott, sei mir Suender gnaedig!“ (Lukas 18,13)
10.08.: Fischer
11.08.: „Du sollst nicht ehebrechen.“ (2. Mose 20,14)
12.08.: Sabdiel, Jedida, Sinai, Barnabas = Dina
13.08.: Philippus, Esau, Thomas, Ruben, Uria, Saulus = Petrus
14.08.: Feigen (Mt. 7,16), Weizen (Jer. 12,13), Lilien (Jes. 35,1), Gerste (Rut 1,22). Myrrhe (Mk. 15,23), Zypressen (Jes. 55,13)
15.08.: Jesus
16.08.: Aussendung, Saul, Aussatz, Usa, Aussehen, Saum, Sauerteig, Saulus
17.08.: „Fürchte dich nicht, denn ich habe dich erlöst; ich habe dich bei deinem Namen gerufen; du bist mein!“ (Jesaja 43,1)
18.08.: „Alle eure Sorge werft auf ihn; denn er sorgt für euch.“ (1. Petrus 5,7)
19.08.: „In der Welt habt ihr Angst; aber seid getrost, ich habe die Welt überwunden.“ (Johannes 16,33) = WELT

20.08.: 2. Korinther 10 heißt: „Darum bin ich guten Mutes in Schwachheit, in Misshandlungen, in Nöten, in Verfolgungen und Ängsten um Christi Willen."

21.08.: Römer 8,28

22.08.: „Ich vermag alles durch den, der mich mächtig macht."(Philipper 4,13)

23.08.: 3, 4, 2, 1

24.08.: „Denn es sollen wohl Berge weichen und Hügel hinfallen, aber meine Gnade soll nicht von dir weichen, und der Bund meines Friedens soll nicht hinfallen, spricht der HERR, dein Erbarmer." (Jesaja 54,10)

25.08.: „Das geknickte Rohr wird er nicht zerbrechen, und den glimmenden Docht wird er nicht auslöschen."

26.08.: „Denn wer sich selbst erhöht, der soll erniedrigt werden; und wer sich selbst erniedrigt, der soll erhöht werden." (Lukas 14,11)

27.08.: „Ich danke dir dafür, dass ich wunderbar gemacht bin; wunderbar sind deine Werke; das erkennt meine Seele." (Psalm 139,14)

28.08.: Er bekam neue Kleidung, einen Ring, Schuhe, ein Fest

29.08.: „Und seid nicht bekümmert; denn die Freude am Herrn ist eure Stärke." (Nehemia 8,10)

30.08.: Sorget euch nicht!

31.08.: FLACHS = Hosea 2,11; SCHLAF = Psalm 127,2; FALSCH = 2. Mose 20,16

01.09.: Welt, weit, Wein, dein, drin, dran, Aran, Aram, Adam, Adar, Ader, Adel, Edel = Eden

02.09.: Spiegel, 2. Korinther 3,18

03.09.: Ararat, Babylon, Edom, Horeb, Jericho, Kanaan, Nazareth, Sichem, Tarsis

04.09.: Stern, Fels, Führer, Stab, Brot, Quell, Ziel

05.09.: Noomi, Sebadja, Benjamin = Obadja

06.09.: Bartimäus (Markus 10,46-52)

07.09.: „Wenn ich mich zu Bette lege, so denke ich an dich, wenn ich wach liege, sinne ich über dich nach." (Psalm 63,7)

08.09.: „Der Herr ist mein Licht und mein Heil; vor wem sollte ich mich fürchten." (Psalm 27,1)

09.09.: „Fürwahr, er ist nicht ferne von einem jeden unter uns. Denn in ihm leben, weben und sind wir." (Apostelgeschichte 17,27-28)

10.09.: Der Herr gibt Gutes.

11.09.: Dina, Kain, Aram, Tamar, Lukas, Simeon, Maleachi

12.09.: Enge, dick, Feigenbaum, Zebedäus, kam, Freunden, vielfach, finden

13.09.: „Warum zählt ihr Geld dar für das, was kein Brot ist, und sauren Verdienst für das, was nicht satt macht? Hört doch auf mich, so werdet ihr Gutes essen und euch am Köstlichen laben. (Jesaja 55,2)

14.09.: „Es ist dir gesagt, Mensch, was gut ist und was der HERR von dir fordert, nämlich Gottes Wort halten und Liebe üben und demütig sein vor deinem Gott.“ (Micha 6,8)

15.09.: A7, B4, D12, E2, G16, H5, I8, K13, L1, N6, O15, R3, S9, T10, U11, V14, W18

16.09.: „Einer trage des and(e)ren Last.“ (Galater 6,2)

17.09.: Elkana

18.09.: mit, redete, Liebe, ein, oder, reden, Geheimnisse, Berge, die, meine, Leib, eifert, treibt, sucht, ihre, rechnet, freut, über, freut, aber, duldet, diese, Liebe, unter

19.09.: Hosea, Ester, Esra

20.09.: Jesus, ihnen, Gewalt, Himmel, Erden, Jüngern, Völker, taufet, Vaters, Sohnes, Heiligen Geistes, halten, befohlen

21.09.: 13, 24, 6, 17,10, 7, 19, 3, 5, 20, 8, 2, 15, 21, 9, 1, 16, 22, 4, 14, 23, 11, 18, 12, 25

22.09.: Absalom, Issachar, Habakuk, Zebaoth = SABA

23.09.: wenn = 4, wir = 5, kämen = 1, wo = 2, hin = 3

24.09.: „Ihr seid das Salz der Erde.“ (Matthäus 5,13)

25.09.: Schwalbe = Ps. 84,4; Rabe = 1. Kö. 17,6; Storch = Jer. 8,7; Reiher = Ps. 104,17; Adler = Js. 40,31; Hahn = Mt. 26,34; Taube = Js. 38,14

26.09.:

MEN	GE		VER		UN	MÖG	LICH
SCHEN			GE	LÄHM	TER		
	UM	GE	BEN		WIE	TER	HIN
		LEHR		Wie	SEN		GE
AB	DECK	TEN				VER	BRACHT
GE			JE	SUS		SAMM	
SEILT		SÜN	DER		HEI	LUNG	

27.09.: Eliab, Leib, Liebe, Lieder, Elisabeth, Leinentuch

28.09.: Metuschelach starb im Alter von 969 Jahren. (1. Mose 5,31)

29.09.: Wüstenwanderung, Apostelgeschichte, Lobgesang, Leidensankündigung, Feuerofen, Abschiedsrede, Haustafel, Richterstuhl, Trostbuch = Wallfahrt

30.09.: 1. 1517, 2. 586, 3. 153, 4. 205

01.10.: 3, 6, 5, 9, 10, 2, 4, 7, 1, 8

02.10. fünfmal „ich“, fünfmal „mein“/e/er

03.10.: Psalm 65,12

04.10.: „Und ich will hinfort nicht mehr schlagen alles, was da lebt, wie ich getan habe. Solange die Erde steht, soll nicht aufhören Saat und Ernte, Frost und Hitze, Sommer und Winter, Tag und Nacht.“ (1. Mose 8,21-22)

05.10.: Auch wenn morgen die Welt zugrunde geht, würde ich heute noch einen Apfelbaum pflanzen.
06.10.: „Die Ernte ist groß, aber wenige sind der Arbeiter. Darum bittet den Herrn der Ernte, dass er Arbeiter in seine Ernte sende." (Matthäus 9,7)
07.10.: „Die Frucht des Lichts ist lauter Güte und Gerechtigkeit und Wahrheit." (Epheser 5,9)
08.10.: Ai, Ira, Sira, Samir
09.10.: HALM = Josef, MAHL = Jesus, LAHM = Mefi Boschet
10.10.: Lea, Eli, Dan, Elia, Dina
11.10.: Jakobus
12.10.: Seir, Sein, Kein, Kain, Nain
13.10.: 66 – 27 x 4 : 12 + 21 – 25 = 9
14.10.: Der Eunuch kommt aus Äthiopien und ist Kämmerer bzw. Finanzminister von Beruf.
15.10.: Gemeindeschwester
16.10.: Kornelius
17.10.: Verse 10 und 16 sind ineinander verdreht.
18.10.: „Suendige hinfort nicht mehr." (Johannes 8,11)
19.10.: „Wer unter euch ohne Sünde ist, der werfe den ersten Stein auf sie." (Johannes 8,7)
20.10.: 1 = Sprichwort, 2 = unter, 3 = Israel, 4 = euch, 5 = die
21.10.: 6, 4, 1, 2, 3, 5, 7
22.10.: „Ihr gedachtet es böse mit mir zu machen, aber Gott gedachte es gut zu machen." (1. Mose 50,20)
23.10.: „Dazu ist erschienen der Sohn Gottes, dass er die Werke des Teufels zerstöre." (1. Johannes 3,8)
24.10.: Er forderte hundert Silbergroschen, während der Hausvater gerade seine zehntausend Zentner Silber getilgt hatte.
25.10.: „Gedenkt nicht an das Frühere und achtet nicht auf das Vorige! Denn siehe, ich will ein Neues schaffen, jetzt wächst es auf, erkennt ihr's denn nicht? Ich mache einen Weg in der Wüste und Wasserströme in der Einöde." (Jesaja 43,18-19)
26.10.: „Lobe den HERRN, meine Seele, und was in mir ist, seinen heiligen Namen! Lobe den HERRN, meine Seele, und vergiss nicht, was er dir Gutes getan hat: der dir alle deine Sünde vergibt und heilet alle deine Gebrechen, der dein Leben vom Verderben erlöst, der dich krönet mit Gnade und Barmherzigkeit, der deinen Mund fröhlich macht und du wieder jung wirst wie ein Adler." (Psalm 103,1-5)
27.10.: 11, 23, 8, 18, 5, 30, 19, 4, 24, 9, 13, 25, 3, 17, 28, 21, 2, 14, 27, 1, 12, 16, 20, 26, 29, 7, 22, 15, 6, 10
28.10. meine, Knie, rechte, über, Erden, stark, werden, seinen, Geist, euren, Herzen, Liebe, gegründet, seid, mit, begreifen, wel-

ches, Breite, Länge, Liebe, ganzen, aber, oder, sei, Ehre, Gemeinde, amen

29.10.: Geh(t) hin!

30.10.:

						A	R	Z	T	E	S	
K	R	A	N	K	E	N		U				
						T			N			
		U	N	D		W			I			
				E		O			C			
		J		S	P	R	A	C	H			
		E				T			T			
G	E	S	U	N	D	E	N			D	I	E
		U				T					H	
		S	O	N	D	E	R	N		U	N	D
					I						E	
				B	E	D	Ü	R	F	E	N	

31.10.: 3, 5, 2, 6, 4, 1, 8, 7

01.11.: „Der Herr ist mein Hirte …“ (Psalm 23,1), „Ich bin der gute Hirte …“ (Johannes 10,11)

02.11.: Mose, Noah, Jona, Jesus als Auferstandener, Elia, Jesus in der Wüste

03.11.: „Ist doch offenbar geworden, dass ihr ein Brief Christi seid, durch unsern Dienst zubereitet, geschrieben nicht mit Tinte, sondern mit dem Geist des lebendigen Gottes, nicht auf steinerne Tafeln, sondern auf fleischerne Tafeln, nämlich eure Herzen.“ (2. Korinther 3,3)

04.11.: Lazarus, Lüge, Lobgesang, Leuchte, Lippen = Segen

05.11.: genießen

06.11.: Jesus ist die Wahrheit. Der Sohn macht wirklich frei. Wir sind Kinder und niemals Knecht.

07.11.: Dan, Adam, Tamar

08.11.: 1 = antwortete, 2 = und, 3 = zu, 4 = sprach, 5 = Jesus, 6 = ich, 7 = das, 8 = den, 9 = nicht

09.11.: „Brich dem Hungrigen dein Brot, und die im Elend ohne Obdach sind, führe ins Haus! Wenn du einen nackt siehst, so kleide ihn, und entzieh dich nicht deinem Fleisch und Blut!“ (Jesaja 58,7)

10.11.: Evangelium

11.11.: A3, C2, D9, E5, H7, I13, K12, M10, N16, O14, R11, S4, ß1, T8, U6, W15, Z17

12.11.: diese, klugen, meine, Strand, faul, belehrte, die

13.11.: „Gott schuf den Menschen zu seinem Bilde, zum Bilde Gottes schuf er ihn; und schuf sie als Mann und Frau.“ (1. Mose 1,27)
14.11.: Milch, Brot, Honig, Eier, Wasser, Butter, Wein, Salz, Trauben, Fisch
15.11.: „Wer Sünde tut, der ist der Sünde Knecht.“ (Johannes 8,34)
16.11.: Jona, Amos, Noah, Amon, Boas, Amoz, Moab
17.11.: Beter
18.11.: „Ich lasse dich nicht, du segnest mich denn.“ (1. Mose 32,27)
19.11.: Arzt, Freund, Anker, Leben, Retter, Helfer, Geber, Gebieter
20.11.: A5, B3, C7, D1, E2, F4, G6, H8, I9, J11, K10, L12, N13, Ö24, O14, P16, R15, S17, T18, U19, Ü20, V21, W22, Z23
21.11.: Nieren, eins, einst, Neid, niedriger, einzige
22.11.: „Lehre uns bedenken, dass wir sterben müssen, auf dass wir klug werden.“ (Psalm 90,12)
23.11.: Augen, Liebe, Größe, Freude, Vertrauen, beten, Menschen
24.11.: 4, 3, 1, 2
25.11.: Abel, Aber, Eber, Eier, hier, Heer, Meer, mehr, sehr, Seir, sein, Kein = Kain
26.11.: „Darum kennen wir von nun an niemanden mehr nach dem Fleisch; und auch wenn wir Christus gekannt haben nach dem Fleisch, so kennen wir ihn doch jetzt so nicht mehr.“
27.11.: Jerusalem
28.11.: Wer Jesus vertraut, lebt ewig und kommt nicht ins Gericht. Er ist gerettet. (Johannes 5,24)
29.11.: „Ich bin das Licht der Welt.“ (Johannes 8,12)
„Ihr seid das Licht der Welt.“ (Matthäus 5,14)
30.11.: Lasst uns hinüberfahren. (Markus 4,35)
01.12: „Wahrlich, ich sage euch: Ich kenne euch nicht.“ (Matthäus 25,12)
02.12.: „Und es werden kommen von Osten und von Westen, von Norden und von Süden, die zu Tisch sitzen werden im Reich Gottes. Und siehe, es sind Letzte, die werden die Ersten sein, und sind Erste, die werden die Letzten sein.“ (Lukas 13,29-30)
03.12.: Wenn der Herr kommt, wird er treue Leute über seine Güter setzen.
04.12.: „Wer wird aber den Tag seines Kommens ertragen können und wer wird bestehen, wenn er erscheint?“ (Maleachi 3,2)
05.12.: „Siehe, ich komme bald.“ (Offenbarung 3,11), „Amen, ja, komm Herr Jesus!“ (Offenbarung 22,20)
06.12.: Zacharias, Johannes
07.12.: „Wer mir nachfolgt, der wird nicht wandeln in der Finsternis, sondern wird das Licht des Lebens haben.“
08.12.: Sacharja 9,9
09.12.: „ Mache dich auf, werde licht; denn dein Licht kommt, und die Herrlichkeit des HERRN geht auf über dir!“ = Licht
10.12.: … hoffnungslosen Fälle!“

11.12.: Noomi
12.12.: Matthäusevangelium
13.12.: Abend, Stern, Christ, Engel, Vater, Gaben
14.12.: „Es ist aber der Glaube eine feste Zuversicht auf das, was man hofft, und ein Nichtzweifeln an dem, was man nicht sieht.“ (Hebräer 11,1)
15.12.:

W	E	I	H	R	A	U	C	H		C					
			E					I		H			P		
	M	A	R	I	A			R		R			R		
			B					T		I			O		
			E		J		W	E	I	S	E		P		M
	K		R		O			N		T			H		Y
	Ö		G		S					K			E		R
A	N	B	E	T	E	N		P	R	I	E	S	T	E	R
	I				F					N					H
	G						G	O	L	D					E

16.12.: „Siehe, ich bin des Herrn Magd; mir geschehe, wie du gesagt hast.“ (Lukas 1,38)
17.12.: 1 = Jahre, 2 = wie, 3 = Tag, 4 = tausend, 5 = vor, 6 = ist
18.12.: 5, 12, 7, 14, 3, 16, 9,1, 11, 4, 15, 2, 17, 6, 13, 21,19, 23, 10, 22, 24, 20, 26, 18, 27, 25, 8 (Philipper 2,5-11)
19.12.: Christkind
20.12.: Mach es wie Gott – werde Mensch!
21.12.: „Ich bin in die Welt gekommen als ein Licht, damit, wer an mich glaubt, nicht in der Finsternis bleibe.“ (Johannes 12,46)
22.12.: 3, 1, 2
23.12.: „Denn ihr kennt die Gnade unseres Herrn Jesus Christus: obwohl er reich ist, wurde er doch arm um euretwillen, damit ihr durch seine Armut reich würdet.“
24.12.: „Denn euch ist heute der Heiland geboren, welcher ist Christus, der Herr, in der Stadt Davids.“ (Lukas 2,11)
25.12.: „Ist Gott für uns, wer kann wider uns sein? Der auch seinen eigenen Sohn nicht verschont hat, sondern hat ihn für uns alle dahingegeben - wie sollte er uns mit ihm nicht alles schenken?“ (Römer 8,31-32)

26.12.:

27.12. 3, 6, 8, 11, 9, 10, 5, 7, 1, 2, 4, 12

28.12.: „Siehe, ich mache alles neu!“ (Offenbarung 21,5)

29.12.: aber, bewahre, euren, Geist, samt, Seele, Leib, unversehrt, untadelig, die, Ankunft

30.12.: „Der HERR segne dich und behüte dich; der HERR lasse sein Angesicht leuchten über dir und sei dir gnädig; der HERR hebe sein Angesicht über dich und gebe dir Frieden.“ (4. Mose 6,24-26)

31.12.: „Und siehe, ich bin mit dir und will dich behüten, wo du hinziehst, und will dich wieder herbringen in dies Land. Denn ich will dich nicht verlassen, bis ich alles tue, was ich dir zugesagt habe.“ (1. Mose 28,15)

QUELLENANGABEN:

Bibelverse aus der Lutherbibel, revidierter Text 1984, durchgesehene Ausgabe, © Deutsche Bibelgesellschaft

20.2. Gedichttext „Spuren im Sand"
© 1964 Margaret Fishback Powers. Übersetzt von Eva-Maria Busch. Deutsche Übersetzung: © 1996 Brunnen Verlag Gießen (aus dem Buch von Margaret Fishback Powers, Spuren im Sand – Ein Gedicht, das Millionen bewegt, und seine Geschichte. Brunnen Verlag Gießen 1996)

8.3. Vater ich komme jetzt zu dir
Text und Musik: Daniel Jacobi
© 1995 GenX-Music adm. by Gerth Medien, Asslar

20.3. Herr, ich sehe deine Welt
Text und Melodie: Peter Strauch
© 1977 SCM Hänssler, Holzgerlingen

9.4. Zwischen Himmel und Erde
Text und Musik: Albert Frey
© 2002 FREYKLANG adm. by Gerth Medien, Asslar

19.4. Wie ein Fest nach langer Trauer
Text: Jürgen Werth, Musik: Johannes Nitsch
© 1988 SCM Hänssler, Holzgerlingen

2.5. Ich sammle Farben für den Winter
Text und Musik: Role Kalkbrenner, Margetshöchheim.
Alle Rechte beim Autor.

3.10. Du hast das Jahr gekrönt mit deinen Gaben
Text: Christoph Zehendner
© 1997 R. Kawohl Verlag, Wesel